名师名校名校长

凝聚名师共识
回应名师关怀
打造名师品牌
培育名师群体

数学明鉴

付光成 / 主编

——中学数学纠错式教学

北京燕山出版社

BEIJING YANSHAN PRESS

图书在版编目（CIP）数据

数学明鉴：中学数学纠错式教学 / 付光成主编. —
北京：北京燕山出版社，2022.1
ISBN 978-7-5402-6271-6

Ⅰ. ①数… Ⅱ. ①付… Ⅲ. ①中学数学课—教学参考
资料 Ⅳ. ①G634.603

中国版本图书馆CIP数据核字（2021）第238292号

数学明鉴：中学数学纠错式教学

主　　编	付光成	
责任编辑	满　懿	
出版发行	北京燕山出版社	
地　　址	北京市丰台区东铁匠营苇子坑138号C座	
电　　话	010-65240430	
邮　　编	100079	
印　　刷	北京政采印刷服务有限公司	
经　　销	新华书店	
开　　本	170mm×240mm　16开	
字　　数	261千字	
印　　张	14.5	
版　　次	2022年2月第1版	
印　　次	2022年2月第1次印刷	
定　　价	68.00元	

编 委 会

前　言
FOREWORD

　　本书是在审度初、高中学生数学学习现状、反思数学教学的基础上编写而成的。目的在于纠正学生数学知识的错误，夯实数学基础，增强数学应用能力，提升数学素养。

　　本书根据初、高中学生学习上出现的问题，以初、高中新课程标准为本，着眼于基本知识的特点与规律，从"基础知识"和"基本技能"出发，对数学基础知识进行梳理整合。这既有利于学生厘清常见必备的数学知识，又能举一反三，增强数学应用能力，提高思维能力。

　　易错题是中学数学中常见的问题，也是检验学生学习数学是否存在漏洞和提升学生数学能力的好方法。教师在教学过程中应做好数学易错题的归因，从易错题整理中找出学生主要的错误类型和错误思维，做好易错题的纠错工作。

　　学生在学习过程中出错是不可避免的。教师可通过有效的手段减少一些不必要的解题错误，根据实际教学中的经验，系统总结初、高中数学易错题情况，并对易错题的有效预防提出相应的解决措施：坚持循序渐进原则，注意做题方法的提炼和总结，做好易错题题集，精选例题和注重学生思维拓展，让学生认识到出错的根源。这些措施能够帮助学生找到正确的方法和思路，加深对知识的理解和掌握，进而提高学生的学习效率和教师的教学效果。

　　本书分高中和初中两部分。高中部分：集合与简易逻辑，函数与导数，三角函数及解三角形，平面向量，数列及不等式，立体几何，平面解析几何，算法初步、复数及推理与证明，概率、统计及排列组合、二项式定理，坐标系与参数方程等。初中部分：数与式，方程（组）与不等式（组），函数，几何图形，以及统计与概率等。编者所精心挑选的高、初中学生在学习中常见的易错、易混、易忘典型题目，也是高、初中教材中的重点内容。

2021 年 3 月

目 录
CONTENTS

上篇　教学理论

下篇　教学案例

上篇

教学理论

在中学数学教学中，数学易错题一直困扰着广大师生。本书从现代中学生数学学习中易错题原因分析，教师教学方面原因分析，学生纠错方式指导和具体实施方法以及纠错意义等几个方面对纠错式教学进行探讨，从而有助于学生们数学的学习。

学生在完成当天的作业时，也常常遇到很多的困难。学生在完成当天作业的时候基本上都是机械地完成任务，拿到题就做，在做题过程中也经常做错题甚至完全不会做，归其原因主要是学生没有对老师当天讲的内容进行复习、梳理，没有能将公式、定理进行反复推导，遇到问题就将老师上课讲的例题翻开重新看看，然后又开始做题，基本上是照搬老师的解题方法，从而艰难地完成题目。这样就给学生一种误导，本以为这样认真地完成作业，认真学习，作业也做得很对，考试就会一帆风顺了，但是在实际考试中，又会有很多的错误出现。其主要的原因是学生没有能将知识转化为能力，也没有灵活处理数学知识的能力。另外，构建一定的知识网络也是非常重要的，如果没有合理的知识网络，再多的知识也是零散的。

学生在解答一道题目时，不是束手无策，而是在心理上恐惧或者情绪上畏难。审题不清，或考虑不周，或推理不严，或知识错误，或书写不准，都是造成错误的主要原因。丢三落四，或缺欠重大步骤，中间某一步想不到；或审题过程中遗漏某一情况，讨论不够完备；或是以偏概全等。在考试中，学生的心理素质尤其重要，很多学生在考试前将自己的目标定得很高，期望值过大，在考场上一旦出现不会做的题或者卡住的题，就会心理紧张，造成错误的出现。其实只要把自己会做的题，全部做对，那么考试就会取得较好的成绩。对于在做题中出现的一些常见的失误，诸如计算错误等，不能简单地归结为粗心，其实这也是一种不良的学习习惯，必须在平时的学习中逐步克服，否则不利于后期的学习。"明明这些题都会做了，怎么还是爱出错呢"？这个现象往往与学生的"注意"能力不足有很大的关系，而不是普遍认为的"粗心"所致。"注意"，在心理学上是指人的心理活动对一定对象的指向和集中，通俗的说法就是盯住目标进行有目的的思维活动。

学生的阅读能力欠缺也是造成错误的主要原因。在教学中，我们经常会遇到这样的情形：学生在做应用题或是题目稍长的题时，总表现出烦躁，畏难情绪，常常是瞟一眼题目就自动归结为难题，或不会做的题，接下来便出现了前面的课堂片段。有时在给学生讲题的时候，他们对于题目里哪些是已知条件，哪些是未知条件不甚清楚，更别说弄清题目中的隐含条件了。可是最近几年的数学高考、中考题目似乎越来越长，越来越复杂，特别是后面的大题总是嵌入实际生活背景，要求学生从中捕捉、提炼数学知识和题目。由于，学生"数学阅读能力"的欠缺和重视度不够，学生也没有养成沉下心来好好读题的习惯，就造成了学生对于贴近现实生活的题目的理解和解答的困难，此点成了学生答题的一个"软肋"。所以，培养学生"数学阅读能力"对于促进学生数学能力的发展是大有裨益的。

从教师方面来看，教师在教学过程中也有很多的不足之处。他们往往教会学生解题，却忽略了教授学生学习方法。教师自身的学科知识也是影响学生学习的重要因素。

教师对于学生的学情了解不够，经常责怪学生，这么简单的题都不会做。其实，往往简单的问题不一定很简单，越是显然的问题越不显然。教师在教学过程中，对于学生的知识水平方面忽略得太多，课上越是简单的题目越是没有书写步骤，没有板书，全是凭空在讲。学生往往觉得听懂了，但是不会做。学生运算能力薄弱，教师课堂上是甩手掌柜，比如在讲高中数学解析几何部分的时候，大部分教师只分析解题步骤，不帮助学生演算，学生也就形成了一种思想，只要知道思路即可。但是解析几何是高中的压轴题，具有明显的区分度，演算是关键，所以一位优秀的教师应该是带着学生一起演算，或者直接在课堂上演示计算。这样可以帮助学生减少错误率。

教师的专业知识和专业态度对于学生的数学易错题有着较大的影响，有些教师在上课的时候，随意性较大，想到哪里就讲到哪里；课堂散漫，没有严格的数学逻辑思维，专业知识欠缺。在态度方面，课前不备课的情况时有发生，只带着一本书就进了教室，经常在课堂上讲错了题，可谓是教师带着学生一起错。作为教师，首先得把题目讲清楚。有些教师为了节约时间，讲课之前就直接把答案看一遍，然后根据答案来讲题。这样教师就会被答案牵着鼻子走，在学生创造性和灵活性方面的培养不到位，使学生在遇到稍微变化一点的题目时，完全不知道怎么处理，最后导致整个题出错。

教师认为多多益善。我们经常听到教师在说，我准备的还没讲完、练完呢！其实，教学任务完成的好坏与否不单单只看容量的大小，关键应看学生对所学知识的掌握程度和理解应用能力，并不是教师讲得越多越好，学生练得越多越好。如果学生都会做的题目就不要总是重复地给他们了，他们对这些题目已经疲劳了，自然会漫不经心。重要的不是让他们做对多少，而是让他们记住正确的方法。关键还在于学生一定要自己去动手练习，自己去感受一下解题的步骤，并不是讲得多，练得多，就错得少。

课堂上讲得多与少并不一定是教学理念先进与落后的评判标准，也不是启发式与注入式的分水岭。我们要遵循这样的原则：可讲可不讲的坚决不讲，有利于发挥教师主导作用的要讲，内容上没必要让学生亲自发现或学生很难发现的要讲。教师要下功夫去研究"讲"的艺术，要讲得精彩，善于化繁为简，化难为易，化抽象为形象，把复杂、深奥的问题用新鲜、活泼、简明、流畅的语言表达出来，使学生茅塞顿开，恍然大悟，从而使"讲"这种常规的教学手段发挥作用。通过教师的精讲，学生对问题的实质有了全面深刻的理解，也就能逐步避免错误现象的出现。

分析了学生和教师的原因后，在纠错教学中，教师应该怎样指导学生做好纠错，帮助学生在易错题方面做得更好呢？

我们在实际的教学中，除了给学生讲清楚知识外，还要让学生明白易错题的重要性，引起学生足够的重视。在平时的阶段性考试中，可以适当地加入一点平时老师讲得很多，学生又容易做错的题目，在考试中适当地让学生一错再错，或者对于平时的题目稍做变化，让学生有一种似曾相识的感觉。只有在考试中，学生对易错题才会有更加深刻的印象。

帮助学生界定有价值的易错题。平时我们在教学中做了很多的数学练习题，易错题也会有很多。如果学生把所有的易错题都进行整理的话，基本是不现实的。所以哪些题对于学生来说，是必须要进行纠错的，哪些题是可以不用订正在改错本上的，教师要有明确的意见。一般来讲，数学易错题的界定可以分知识板块来梳理，同板块，同类型的题目有一个典型的就可以了，纠错过程中一定要有详细的易错点分析，可以用不同颜色的笔改正出来，便于今后使用。易错点分析写好以后，要完整地写出题目的解答过程，过程一定要完整。完整地解答后还要进行方法的总结，鼓励有能力的学生对易错题进行变式训练。

帮助学生整理易错题档案。产生错误没关系，关键是决不能在同一个问题上再次犯错。学生要"珍惜"错误，最大限度地发挥易错题功能，挖掘隐藏信息，升华知识水平与能力水平，进一步杜绝同一类错误的产生。每位学生都要真正认真建立"纠错本"，把平时作业和测验中的易错题整理在上面，并写明错因，建立易错题档案。这份易错题档案将作为学生重要的复习资料经常翻阅，从而启发自我发现、自我纠正、自我总结，通过易错题的失败教训和终于醒悟的收获，给自己以警醒，从而不断完善解题经验，杜绝一错再错现象的出现。

教师要引导学生结合易错题查漏补缺，再把掌握了的排除掉，把纠错本从厚读薄，及时把知识漏洞补上。教师教育学生，不要放过"易错题"，尤其是模考，考题质量很好，涵盖题型也很全面，学生一定要深挖出错的原因，把题目背后的知识点及时掌握。

教师还应该指导学生对知识的梳理向教材回归。学生要养成及时整理消化的习惯，每天整理消化当天的内容，每星期整理消化当周的内容，每个章节甚至整个学科也要求学生做好知识点的归纳与总结，构建知识网络。在具体的整理过程中，对每个知识点都设计一些有代表性的基础题和中档题，把知识点以练习的形式渗透进去；在具体的解题中进一步体会知识点，达到真正地消化与理解。

教师在教学中应变换问题情境，适时让学生对知识体系及学科思想方法加以归纳总结。这样有利于培养学生处理各种信息的能力，从而在解题时，能较自如地接收、储存并提取有效的信息，以独立分析问题和解决问题。联系相关知识结构和背景，就是回到课本，把发生错误的知识点放在与之相关的体系中，明确该知识点所在的章节，找出与这个知识点有关系的内容，特别是有一定难度的综合性题目，可以通过回忆复习的方式把易错题放在一个体系中，而不是让其成为一道孤立的易错题。在实际学习中，无论是做题或者是改错，大多数同学只是局限于把错误改过来，记住正确答案就完事了，缺少一定的练习，不能进行有效的反思。对易错题进行专门练习，是落实的关键，特别是中等以上难度、具有综合性的题目，不要改过就完事，要对易错题进行反复训练。任何难题都是由基础的题构成的。给自己设定一个目标，要做一些综合性题目。

题目一般都会有不止一种解法，平时要学会归纳整理，优化组合不同的思路与方法，从而提高自身的思维水平。在这样的学习活动中，学生思维的火花在智慧的碰撞中闪光，学生的知识技能得到巩固，学科思想得以渗透，思维品质和思维能力得以优化和发展。审题是解题的第一步，细致深入地审题是解题成功的必要前提。事实上，学生常对此掉以轻心，致使解题失误或陷入烦琐之中。学生在解题中常会因审题不清而对一些容易混淆的关键词认识不到位，产生错解。所以教师在教学中一方面要努力培养学生认真审题，周密思考的习惯；另一方面要对一些容易混淆的关键词作专门的分析与研究。先让学生充分暴露问题，经历失败，再通过对问题的深入剖析，找出问题之所在，并形成区分此类问题的行之有效的方法，这样才能加深对错误的认识。

教师应指导学生用好易错题，每一个易错题都有其自身的价值。学生只改不用，或者不会用，也不能充分体现纠错式教学的优越性，所以，指导学生对易错题进行充分利用是纠错式教学的关键。一般来说，学生的学习时间紧，科目多，可以根据学生平时的考试情况来利用纠错本，以考促改，以改带学。第一次考试可能需要提前一个月用纠错本，第二次可能只需要提前两周，第三次……后面用的时间就越来越少。这样一学期的纠错本，学生就会至少用几次，不会把易错题放置不管。同样的，学生们也会把学过的知识，易错题反复地运用，时刻提醒自己注意。

通过纠错式教学，让学生在错误中发现解题规律，不断地完善自己的数学知识，对于今后的教学具有实际指导意义。

下　篇

教学案例

高 中 部 分

高中数学中影响学生成绩提高的一个重要因素就是基础的题目拿不到分或者拿不到满分，而这个问题对学生的高考成败起着至关重要的作用。本书结合学生考试中常见的 79 个易错、易混、易忘的典型题目进行总结归纳和分析，力求深入浅出地指出易错点、易错题的问题所在，能够让学生在平时的学习和考试中尽量避免错误。

第一节　集合与简易逻辑

易错或易混淆概念：

1. 研究集合必须注意集合元素的特征即三性（确定，互异，无序）。已知集合 $A = \{x,\ xy,\ \lg xy\}$，集合 $B = \{0,\ |x|,\ y\}$，且 $A = B$，则 $x + y$ = _____

2. 研究集合，首先必须弄清代表元素，才能理解集合的意义。①已知集合 $M = \{y \mid y = x^2,\ x \in \mathbf{R}\}$，$N = \{y \mid y = x^2 + 1,\ x \in \mathbf{R}\}$，求 $M \cap N$；②集合 $M = \{(x,\ y) \mid y = x^2,\ x \in \mathbf{R}\}$，$N = \{(x,\ y) \mid y = x^2 + 1,\ x \in \mathbf{R}\}$ 求 $M \cap N$. 注意①②两题的区别。

3. 集合 A，B，$A \cap B = \phi$ 时，你是否注意到"极端"情况：$A = \phi$ 或 $B = \phi$；求集合的子集 $A \subseteq B$ 时是否忘记 ϕ. 例如：$(a - 2)x^2 + 2(a - 2)x - 1 < 0$ 对一切 $x \in \mathbf{R}$ 恒成立，求 a 的取值范围。你讨论了 $a = 2$ 的情况了吗？

4. 对于含有 n 个元素的有限集合 M，其子集、真子集、非空子集、非空真子集的个数依次为 2^n，$2^n - 1$，$2^n - 1$，$2^n - 2$. 如满足条件 $\{1\} \subseteq M \subset \{1, 2, 3, 4\}$ 的集合 M 共有多少个？

5. 解集合问题的基本工具是韦恩图。某文艺小组共有 10 名成员，每人至少会唱歌和跳舞中的一项，其中 7 人会唱歌，5 人会跳舞，现从中选出会唱歌和会跳舞的各一人，表演一个唱歌和一个跳舞节目。问有多少种不同的选法？

6. 两集合之间的关系。$M = \{x \mid x = 2k + 1,\ k \in \mathbf{Z}\}$，$N = \{x \mid x = 4k \pm 1,$

$k \in \mathbf{Z}\}$.

7. $(C_U A) \cap (C_U B) = C_U (A \cup B)$；$(C_U A) \cup (C_U B) = C_U (A \cap B)$；$A \cap B = B \Rightarrow B \subseteq A$.

8. p，q 形式的复合命题的真值表，见表1。

表1

p	q	p 且 q	p 或 q
真	真	真	真
真	假	假	真
假	真	假	真
假	假	假	假

9. 命题的四种形式及其相互关系图，见图1。

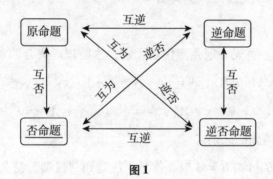

图1

原命题与逆否命题同真同假；逆命题与否命题同真同假。

- -

易错点1：忽视空集是任何非空集合的子集，导致数学思维不全面。

- -

例1：设 $A = \{x \mid x^2 - 8x + 15 = 0\}$，$B = \{x \mid ax - 1 = 0\}$，若 $A \cap B = B$，求实数 a 组成的集合的子集有多少个？

易错点分析：此题由条件 $A \cap B = B$ 易知 $B \subseteq A$，由于空集是任何非空集合的子集，但在解题中极易忽略这种特殊情况而造成求解满足条件的 a 值产生漏解现象。

解析：集合 A 化简得 $A = \{3, 5\}$，由 $A \cap B = B$ 知 $B \subseteq A$，故（1）当 $B = \phi$ 时，即方程 $ax - 1 = 0$ 无解，此时 $a = 0$ 符合已知条件；（2）当 $B \neq \phi$ 时，即方程 $ax - 1 = 0$ 的解为 3 或 5，代入得 $a = \dfrac{1}{3}$ 或 $\dfrac{1}{5}$. 综上满足条件的 a 组成的集合为 $\left(0, \dfrac{1}{3}, \dfrac{1}{5}\right)$，故其子集共有 $2^3 = 8$ 个。

> **知识归类点拨**：（1）在应用条件 $A \cup B = B \Leftrightarrow A \cap B = A \Leftrightarrow A \subseteq B$ 时，要树立起分类讨论的数学思想，对集合 A 是空集 ϕ 的情况优先进行讨论。
>
> （2）在解答集合问题时，要注意集合的性质"确定性，无序性，互异性"，特别是互异性对集合元素的限制。有时需要进行检验求解的结果是否满足集合中元素的这个性质，此外解题过程中要注意集合语言（数学语言）和自然语言之间的转化。如：$A = \{(x, y) \mid x^2 + y^2 = 4\}$，$B = \{(x, y) \mid (x-3)^2 + (y-4)^2 = r^2\}$，其中 $r > 0$，若 $A \cap B = \phi$，求 r 的取值范围。将集合所表达的数学语言向自然语言进行转化就是：集合 A 表示以原点为圆心、以 2 为半径的圆，集合 B 表示以（3，4）为圆心、以 r 为半径的圆。当两圆无公共点即两圆相离或内含时，求半径 r 的取值范围。可利用两圆的位置关系来解答。此外，如不等式的解集等，也要注意集合语言的应用。

练1：已知集合 $A = \{x \in \mathbf{Z} \mid |x| < 5\}$，$B = \{x \mid x - 2 \geq 0\}$，则 $A \cap B$（　　）

A.（2，5）　　　　　　　　B. [2，5）

C. $\{2, 3, 4\}$　　　　　　D. $\{3, 4, 5\}$

易错点分析：学生未注意到代表元素，或者对集合的描述法的概念未深刻理解，导致对代表元素的重视度不够。

答案：C.

易错点 2：学生对命题的否定和否命题的概念混淆，对含有一个量词的命题否定与否命题混淆。

例 2：命题"$\forall n \in \mathbf{N}^*$，$f(n) \in \mathbf{N}^*$且$f(n) \leqslant n$"的否定形式是（　　）

A. $\forall n \in \mathbf{N}^*$，$f(n) \in \mathbf{N}^*$且$f(n) \leqslant n$

B. $\forall n \in \mathbf{N}^*$，$f(n) \in \mathbf{N}^*$或$f(n) > n$

C. $\exists n_0 \notin \mathbf{N}^*$，$f(n_0) \in \mathbf{N}^*$或$f(n_0) > n_0$

D. $\exists n_0 \in \mathbf{N}^*$，$f(n_0) \notin \mathbf{N}^*$或$f(n_0) > n_0$

答案：D.

练 2：已知命题 p：$\exists x_0 \geqslant 0$，$2^{x_0} = 3$，则（　　）

A. $\neg p$：$\forall x < 0$，$2^x \neq 3$

B. $\neg p$：$\forall x \geqslant 0$，$2^x \neq 3$

C. $\neg p$：$\exists x \geqslant 0$，$2^x \neq 3$

B. $\neg p$：$\exists x_0 \geqslant 0$，$2^x \neq 3$

答案：B.

第二节　函数与导数

易错或易混淆概念：

10. 你对映射的概念了解了吗？映射 $f: A{\rightarrow}B$ 中，A 中元素的任意性和 B 中与它对应元素的唯一性，哪几种对应能够成映射？

11. 函数图像的几个重要知识点：

（1）如果函数 $y=f(x)$ 对于一切 $x\in\mathbf{R}$，都有 $f(a+x)=f(a-x)$ 或 $f(2a-x)=f(x)$，那么函数 $y=f(x)$ 的图像关于直线 $x=a$ 对称。

（2）函数 $y=f(x)$ 与函数 $y=f(-x)$ 的图像关于直线 $x=0$ 对称；

函数 $y=f(x)$ 与函数 $y=-f(x)$ 的图像关于直线 $y=0$ 对称；

函数 $y=f(x)$ 与函数 $y=-f(-x)$ 的图像关于坐标原点对称。

（3）若奇函数 $y=f(x)$ 在区间 $(0,+\infty)$ 上是递增函数，则 $y=f(x)$ 在区间 $(-\infty,0)$ 上也是递增函数。

（4）若偶函数 $y=f(x)$ 在区间 $(0,+\infty)$ 上是递增函数，则 $y=f(x)$ 在区间 $(-\infty,0)$ 上是递减函数。

（5）函数 $y=f(x+a)$（$a>0$）的图像是把函数 $y=f(x)$ 的图像沿 x 轴向左平移 a 个单位得到的；函数 $y=f(x+a)$（$a<0$）的图像是把函数 $y=f(x)$ 的图像沿 x 轴向右平移 $|a|$ 个单位得到的。

函数 $y=f(x)+a$（$a>0$）的图像是把函数 $y=f(x)$ 的图像沿 y 轴向上平移 a 个单位得到的；函数 $y=f(x)+a$（$a<0$）的图像是把函数 $y=$

$f(x)$ 的图像沿 y 轴向下平移 $|a|$ 个单位得到的。

12. 求一个函数的解析式和一个函数的反函数时，你标注该函数的定义域了吗?

13. 求函数的定义域的常见类型记住了吗? 函数 $y = \dfrac{\sqrt{x(4-x)}}{\lg(x-3)^2}$ 的定义域是: _____

复合函数的定义域弄清了吗? 函数 $f(x)$ 的定义域是 $[0, 1]$，求 $f(\log_{0.5}x)$ 的定义域。函数 $f(x)$ 的定义域是 $[a, b]$，若 $b > -a > 0$，求函数 $F(x) = f(x) + f(-x)$ 的定义域。

14. 含参的二次函数的值域，最值要记得讨论。若函数 $y = a\sin^2 x + 2\cos x - a - 2 \ (a \in \mathbf{R})$ 的最小值为 m，求 m 的表达式。

15. 函数与其反函数之间的一个有用的结论: 设函数 $y = f(x)$ 的定义域为 A，值域为 C.

① 若 $a \in A$，则 $a = f^{-1}[f(a)]$; 若 $b \in C$，则 $b = f[f^{-1}(b)]$;

② 若 $p \in C$，求 $f^{-1}(p)$ 就是令 $p = f(x)$，求 x. 若 $(x \in A)$ 即 $f^{-1}(a) = b \Leftrightarrow f(b) = a$. 互为反函数的两个函数的图像关于直线 $y = x$ 对称。

16. 互为反函数的两个函数具有相同的单调性; 原函数 $y = f(x)$ 在区间 $[-a, a]$ 上单调递增，则一定存在反函数，且反函数 $y = f^{-1}(x)$ 也单调递增; 但一个函数存在反函数，此函数不一定单调。

17. 判断一个函数的奇偶性时，你注意到函数的定义域是否关于原点对称这个必要非充分条件了吗? 在公共定义域内: 两个奇函数的乘积是偶函数; 两个偶函数的乘积是偶函数; 一个奇函数与一个偶函数的乘积是奇函数。

18. 根据定义证明函数的单调性时，规范格式是什么? (取值，作差，判正负) 可别忘了导数也是判定函数单调性的一种重要方法。

19. 你知道函数 $y = x + \dfrac{a}{x} \ (a > 0)$ 的单调区间吗? (该函数在 $(-\infty,$

$-\sqrt{a}$〕和〔$\sqrt{a}$，$+\infty$）上单调递增；在〔$-\sqrt{a}$，0）和（0，$\sqrt{a}$〕上单调递减）这可是一个应用广泛的函数！

20. 解对数函数问题时，你注意到真数与底数的限制条件了吗？（真数大于零，底数大于零且不等于1）字母底数还需做进一步讨论。

21. 对数的换底公式及其变形，你掌握了吗？（$\log_a b = \dfrac{\log_c b}{\log_c a}$，$\log_{a^n} b^n = \log_a b$）

22. 你还记得对数恒等式吗？（$a^{\log_a b} = b$）

23. "实系数一元二次方程 $ax^2 + bx + c = 0$ 有实数解"转化为"$\Delta = b^2 - 4ac \geqslant 0$"，你是否注意到必须 $a \neq 0$；当 $a = 0$ 时，"方程有解"不能转化为 $\Delta = b^2 - 4ac \geqslant 0$。若原题中没有指出是"二次"方程、函数或不等式，你是否考虑到二次项系数可能为零的情形？

24. 导数的几何意义，即曲线在该点处的切线的斜率。学会定义的多种变形。

25. 几个重要函数的导数：① $C' = 0$（C 为常数）；② $(x^n)' = nx^{n-1}$（$n \in \mathbf{Q}$），导数的四运算法则 $(\mu \pm v)' = \mu' \pm v'$.

26. 利用导数可以证明或判断函数的单调性，注意当 $f'(x) \geqslant 0$ 或 $f'(x) \leqslant 0$，带上等号。

27. $f'(x_0) = 0$ 是函数 $f(x)$ 在 x_0 处取得极值的非充分非必要条件，$f(x)$ 在 x_0 处取得极值的充要条件是什么？

利用导数求最值的步骤：

（1）求导数 $f'(x)$.

（2）求方程 $f'(x) = 0$ 的根 $x_1, x_2, \cdots, x_n$.

（3）计算极值及端点函数值的大小。

（4）根据上述值的大小，确定最大值与最小值。

求函数极值的方法：先找定义域，再求导，找出定义域的分界点，根据单调性求出极值。告诉函数的极值这一条件，相当于给出了两个条件：①函数在此点导数值为零，②函数在此点的值为定值。

例 3：已知 $(x+2)^2 + \dfrac{y^2}{4} = 1$，求 $x^2 + y^2$ 的取值范围。

易错点分析：此题学生很容易只是利用消元的思路将问题转化为关于 x 的函数最值求解，但极易忽略 x，y 满足 $(x+2)^2 + \dfrac{y^2}{4} = 1$ 这个条件中的两个变量的约束关系而造成定义域范围的扩大。

解析：由于 $(x+2)^2 + \dfrac{y^2}{4} = 1$，得 $(x+2)^2 = 1 - \dfrac{y^2}{4} \leq 1$，

$\therefore -3 \leq x \leq -1$ 从而 $x^2 + y^2 = -3x^2 - 16x - 12$，

因此当 $x = -1$ 时，$x^2 + y^2$，有最小值 1，

当 $x = -\dfrac{8}{3}$ 时，$x^2 + y^2$ 有最大值 $\dfrac{28}{3}$，

故 $x^2 + y^2$ 的取值范围是 $\left[1, \dfrac{28}{3}\right]$。

知识归类点拨：事实上我们可以从解析几何的角度来理解条件 $(x+2)^2 + \dfrac{y^2}{4} = 1$ 对 x，y 的限制，显然方程表示以 $(-2，0)$ 为中心的椭圆。此外本题还可通过三角换元转化为三角最值求解。

练 3：若动点 $(x，y)$ 在曲线 $\dfrac{x^2}{4} + \dfrac{y^2}{b^2} = 1$ $(b > 0)$ 上变化，则 $x^2 + 2y$ 的最大值为（　　　）

A. $\begin{cases} \dfrac{b^2}{4} + 4 \ (0 < b < 4) \\ 2b \ (b \geq 4) \end{cases}$ B. $\begin{cases} \dfrac{b^2}{4} + 4 \ (0 < b < 2) \\ 2b \ (b \geq 2) \end{cases}$

C. $\dfrac{b^2}{4} + 4$ D. $2b$

答案：A

例 4：判断函数 $f(x) = \dfrac{\lg(1 - x^2)}{|x - 2| - 2}$ 的奇偶性。

易错点分析：此题常犯的错误是不考虑定义域，而按如下步骤求解：

$f(-x) = \dfrac{\lg(1 - x^2)}{|x + 2| - 2} \neq f(x)$ 从而得出函数 $f(x)$ 为非奇非偶函数的错误结论。

解析：由函数的解析式知 x 满足 $\begin{cases} 1 - x^2 > 0 \\ |x - 2| \neq \pm 2 \end{cases}$，即函数的定义域为

$(-1, 0) \cup (0, 1)$，定义域关于原点对称。在定义域下 $f(x) = \dfrac{\lg(1 - x)^2}{-x}$

易证 $f(-x) = -f(x)$，即函数为奇函数。

知识归类点拨：（1）函数的定义域关于原点对称是函数具有奇偶性的必要但不充分条件，因此在判断函数的奇偶性时一定要先研究函数的定义域。（2）函数 $f(x)$ 具有奇偶性，则 $f(x) = f(-x)$ 或 $f(x) = -f(-x)$ 是对定义域内 x 的恒等式。常常利用这一点求解函数中字母参数的值。

练 4：判断下列函数的奇偶性。

① $f(x) = \sqrt{4 - x^2} + \sqrt{x^2 - 4}$.

② $f(x) = (x - 1)\sqrt{\dfrac{1 + x}{1 - x}}$.

③ $f(x) = \dfrac{1 + \sin x + \cos x}{1 + \sin x - \cos x}$.

答案：①既是奇函数又是偶函数；②非奇非偶函数；③非奇非偶函数。

易错点 5： 求函数的定义域与求函数值域错位。

例 5： 已知函数 $f(x) = \lg[(m^2 - 3m + 2)x^2 + 2(m-1)x + 5]$. (1) 如果函数 $f(x)$ 的定义域为 **R**，求实数 m 的取值范围。(2) 如果函数 $f(x)$ 的值域为 **R**，求实数 m 的取值范围。

易错点分析： 此题学生易忽视对 $m^2 - 3m + 2$ 是否为零的讨论，而导致思维不全面而漏解。另一方面对两个问题中定义域为 **R** 和值域为 **R** 的含义理解不透彻导致错解。

解析：（1）据题意知，若函数的定义域为 **R**，即对任意的 x 值 $(m^2 - 3m + 2)x^2 + 2(m-1)x + 5 > 0$ 恒成立，令 $g(x) = (m^2 - 3m + 2)x^2 + 2(m-1)x + 5$，当 $m^2 - 3m + 2 = 0$ 时，即 $m = 1$ 或 2. 经验证，当 $m = 1$ 时适合，当 $m^2 - 3m + 2 \neq 0$ 时，依据二次函数知识，若令任意 x 值的函数值大于零恒成立，只需 $\begin{cases} m^2 - 3m + 2 > 0 \\ \Delta < 0 \end{cases}$. 解之，得 $m < 1$ 或 $m > \dfrac{9}{4}$，综上所知，m 的取值范围为 $m \leqslant 1$ 或 $m > \dfrac{9}{4}$.

（2）如果函数 $f(x)$ 的值域为 **R**，即对数的真数 $(m^2 - 3m + 2)x^2 + 2(m-1)x + 5$ 能取到任意的正数，令 $g(x) = (m^2 - 3m + 2)x^2 + 2(m-1)x + 5$，当 $m^2 - 3m + 2 = 0$ 时，即 $m = 1$ 或 2. 经验证，当 $m = 2$ 时适合，当 $m^2 - 3m + 2 \neq 0$ 时，据二次函数知识，要使函数值取得所有正值只需 $\begin{cases} m^2 - 3m + 2 > 0 \\ \Delta \geqslant 0 \end{cases}$，解之，得 $2 < m \leqslant \dfrac{9}{4}$，综上可知满足题意的 m 的取值范围是 $2 \leqslant m \leqslant \dfrac{9}{4}$.

知识归类点拨：对于二次函数或二次型不等式，若二次项系数含有字母，需要对二次项系数是否为 0 进行讨论，即函数是一次函数还是二次函数；不等式是一次不等式还是二次不等式。再者，本题中函数的定义域和值域为 **R** 是两个不同的概念，前者是任意自变量 x 值的函数值恒正，后者是函数值必须取遍所有的正值。二者有本质上的区别。

练 5：（1）已知函数 $f(x) = \sqrt{(a^2-1)x^2 + 2(a-1)x + 2}$ 的定义域和值域分别为 **R**，试分别确定满足条件的 a 的取值范围。

答案：①当 $f(x)$ 的定义域为 **R** 时，$a \geq 1$ 或 $a \leq -3$；②当 $f(x)$ 的值域为 **R** 时，$-3 \leq a \leq 1$ 或 $a = -1$.

（2）已知函数 $f(x^2-3) = \lg \dfrac{x^2}{x^2-4}$，求 $f(x)$ 的定义域。

解：由 $f(x^2-3) = \lg \dfrac{x^2}{x^2-4}$，设 $x^2-3 = t$，则 $x^2 = t+3$，因此 $f(t) = \lg \dfrac{t+3}{t-1}$.

$\because \dfrac{x^2}{x^2-4} > 0$，即 $x^2 > 4$.

$\therefore t+3 > 4$，即 $t > 1$.

$\therefore f(x)$ 的定义域为 $\{x \mid x > 1\}$.

易错点分析：学生对复合函数定义域的概念混淆不清，可先让学生利用换元的思想解决。

练习：已知 $g(x) = 1-2x$，$f[g(x)] = \dfrac{1-x^2}{x^2}$（$x \neq 0$），那么 $f(2)$ 的值为_____

解：令 $g(x) = 1-2x = 2$.

$$\therefore x = -\frac{1}{2}.$$

$$\therefore f(2) = f\left[g\left(-\frac{1}{2}\right)\right] = \frac{1-\frac{1}{4}}{\frac{1}{4}} = 3.$$

易错点6： 易忘原函数和反函数的单调性和奇偶性的关系，从而导致解题过程烦琐。

例6： 函数 $f(x) = \log_2 \frac{2x-1}{2x+1}\left(x < -\frac{1}{2} \text{ 或 } x > \frac{1}{2}\right)$ 的反函数为 $f^{-1}(x)$，证明 $f^{-1}(x)$ 是奇函数且在其定义域上是增函数。

易错点分析： 可求 $f^{-1}(x)$ 的表达式，再证明。若注意到 $f^{-1}(x)$ 与 $f(x)$ 具有相同的单调性和奇偶性，只需研究原函数 $f(x)$ 的单调性和奇偶性即可。

解析： $f(-x) = \log_2 \frac{-2x-2}{-2x+1} = \log_2 \frac{2x+1}{2x-1} = -\log_2 \frac{2x-1}{2x+1} = -f(x)$，故

$f(x)$ 为奇函数，从而 $f^{-1}(x)$ 为奇函数。又令 $t = \frac{2x-1}{2x+1} = 1 - \frac{2}{2x+1}$ 在

$\left(-\infty, -\frac{1}{2}\right)$ 和 $\left(\frac{1}{2}, +\infty\right)$ 上均为增函数且 $y = \log_2^t$ 亦为增函数，故 $f(x)$ 在

$\left(-\infty, -\frac{1}{2}\right)$ 和 $\left(\frac{1}{2}, +\infty\right)$ 上分别为增函数。故 $f^{-1}(x)$ 在 $(0, \infty)$ 和 $(-\infty, 0)$ 上分别为增函数。

知识归类点拨： 对于反函数知识有如下重要结论：（1）定义域上的单调函数必有反函数。（2）奇函数的反函数也是奇函数且原函数和反函数具有相同的单调性。（3）定义域为非单元素的偶函数不存在反函数。（4）周期函数不存在反函数。（5）原函数的定义域和值域与反函数的定义域和值域调换。即 $f^{-1}(b) = a \Leftrightarrow f(a) = b$.

练6：（1）已知 $f(x) = \dfrac{e^x - e^{-x}}{2}$，则如下结论正确的是（　　）

A. $f(x)$ 是奇函数且为增函数

B. $f(x)$ 是奇函数且为减函数

C. $f(x)$ 是偶函数且为增函数

D. $f(x)$ 是偶函数且为减函数

答案：A.

（2）设 $f^{-1}(x)$ 是函数 $f(x) = \dfrac{1}{2}(a^x - a^{-x})$ （$a > 1$）的反函数，则使 $f^{-1}(x) \geqslant 1$ 成立的 x 的取值范围为（　　）

A. $\left(\dfrac{a^2-1}{2a}, +\infty \right)$ 　　　　　B. $\left(-\infty, \dfrac{a^2-1}{2a} \right)$

C. $\left(\dfrac{a^2-1}{2a}, a \right)$ 　　　　　B. $(a, +\infty)$

答案：A（$a > 1$，$f(x)$ 单调增函数，所以 $f^{-1}(x) \Leftrightarrow f\big(f^{-1}(x)\big) > f(1) \Leftrightarrow x > f(1) = \dfrac{a^2-1}{2a}$）.

易错点7：证明或判断函数的单调性要从定义出发，注意步骤的规范性及树立定义域优先的原则。

例7：试判断函数 $f(x) = ax + \dfrac{b}{x}$ （$a > 0$，$b > 0$）的单调性并给出证明。

易错点分析：在解答题中证明或判断函数的单调性时必须依据函数的性质解答。特别注意定义 $x_1 \in D$，$x_2 \in D$，$f(x_1) > f(x_2)$ 或 $f(x_1) < f(x_2)$ 中的 x_1，x_2 的任意性，以及函数的单调区间必是函数定义域的子集。要树立定义域优先的原则。

解析：由于 $f(-x) = -f(x)$ 即函数 $f(x)$ 为奇函数，因此只需判断函数 $f(x)$ 在 $(0, +\infty)$ 上的单调性即可。设 $x_1 > x_2 > 0$，$f(x_1) - f(x_2)$

$= (x_1 - x_2) \dfrac{ax_1x_2 - b}{x_1x_2}$. 由于 $x_1 - x_2 > 0$, 故, 当 x_1, $x_2 \in \left(\sqrt{\dfrac{b}{a}}, +\infty\right)$ 时,

$f(x_1) - f(x_2) > 0$, 此时函数 $f(x)$ 在 $\left(\sqrt{\dfrac{b}{a}}, +\infty\right)$ 上为增函数。同理可

证, 函数 $f(x)$ 在 $\left(0, \sqrt{\dfrac{b}{a}}\right)$ 上为减函数。又由于函数为奇函数, 故函数在

$\left(-\sqrt{\dfrac{b}{a}}, 0\right)$ 上为减函数, 在 $\left(-\infty, -\sqrt{\dfrac{b}{a}}\right)$ 上为增函数。综上所述, 函数

$f(x)$ 在 $\left(-\infty, -\sqrt{\dfrac{b}{a}}\right)$ 和 $\left(\sqrt{\dfrac{b}{a}}, +\infty\right)$ 上分别为增函数, 在 $\left(\sqrt{0, \dfrac{b}{a}}\right)$ 和

$\left(-\sqrt{\dfrac{b}{a}}, 0\right)$ 上分别为减函数。

知识归类点拨:(1)函数的单调性广泛应用于比较大小、解不等式、求参数的范围与最值等问题中, 应引起足够重视。

(2)单调性的定义等价于如下形式: $f(x)$ 在 $[a, b]$ 上是增

函数 $\Leftrightarrow \dfrac{f(x_1) - f(x_2)}{x_1 - x_2} > 0$, $f(x)$ 在 $[a, b]$ 上是减函数 $\Leftrightarrow$

$\dfrac{f(x_1) - f(x_2)}{x_1 - x_2} < 0$, 这表明增减性的几何意义: 增(减)函数的

图像上任意两点 $(x_1, f(x_1))$, $(x_2, f(x_2))$ 连线的斜率都大于(小于)零。

(3) $f(x) = ax + \dfrac{b}{x}$ $(a > 0, b < 0)$ 是一种重要的函数模型,

要引起重视并注意应用。但注意本题中不能说 $f(x)$ 在

$\left(\sqrt{\dfrac{b}{a}}, +\infty\right)$ 上为增函数。在 $\left(-\sqrt{\dfrac{b}{a}}, 0,\right)$ 上为减函数。在叙述函

数的单调区间时不能在多个单调区间之间添加符号"∪"和"或"。

练7：（1）$f(x) = ax + \dfrac{1-x}{ax}$（$a > 0$）．①用单调性的定义判断函数 $f(x)$ 在 $(0, \infty)$ 上的单调性。②设 $f(x)$ 在 $0 < x \leqslant 1$ 时的最小值为 $g(a)$，求 $y = g(a)$ 的解析式。

答案：①函数在 $\left(\dfrac{1}{a}, +\infty\right)$ 为增函数，在 $\left(0, \dfrac{1}{a}\right)$ 为减函数。

②$y = g(a) = \begin{cases} 2 - \dfrac{1}{a} & (a \geqslant 1) \\ a & (0 < a < 1) \end{cases}$

（2）设 $a > 0$ 且 $f(x) = \dfrac{e^x}{a} + \dfrac{a}{e^x}$ 为 **R** 上的偶函数。①求 a 的值；②试判断函数在 $(0, +\infty)$ 上的单调性并给出证明。

答案：①$a = 1$；②函数在 $(0, +\infty)$ 上为增函数（证明略）。

易错点8：在解题中误将必要条件当作充分条件或将既不充分又不必要条件当作充要条件使用，导致错误结论。

例8：已知函数 $f(x) = ax^3 + 3x^2 - x + 1$ 上是减函数，求 a 的取值范围。

易错点分析：$f'(x) < 0$（$x \in (a, b)$）是 $f(x)$ 在 (a, b) 内单调递减的充分不必要条件，在解题过程中易误作是充要条件，如 $f(x) = -x^3$ 在 **R** 上递减，但 $f'(x) = -3x^2 \leqslant 0$.

解析：求函数的导数 $f'(x) = 3ax^2 + 6x - 1$.（1）当 $f'(x) < 0$ 时，$f(x)$ 是减函数，则 $f'(x) = 3ax^2 + 6x - 1 < 0$（$x \in \mathbf{R}$）．故 $\begin{cases} a < 0 \\ \Delta < 0 \end{cases}$ 解得 $a < -3$.（2）当 $a = -3$ 时，$f(x) = -3x^3 + 3x^2 - x + 1 = -3\left(x - \dfrac{1}{3}\right)^3 + \dfrac{8}{9}$，易知此时函数也在 **R** 上是减函数。（3）当 $a > -3$ 时，在 **R** 上存在一个区间在其上有 $f'(x) > 0$，所以当 $a > -3$ 时，函数 $f(x)$ 不是减函数。综上，所求 a 的取值范围是 $(-\infty, -3]$.

知识归类点拨：若函数 $f(x)$ 可导，其导数与函数的单调性的关系现以增函数为例来说明：①$f'(x) > 0$ 与 $f(x)$ 为增函数的关系：$f'(x) > 0$ 能推出 $f(x)$ 为增函数，但反之不一定。如函数 $f(x) = x^3$ 在 $(-\infty, +\infty)$ 上单调递增，但 $f'(x) \geqslant 0$，$\therefore f'(x) > 0$ 是 $f(x)$ 为增函数的充分不必要条件。②$f'(x) \neq 0$ 时，$f'(x) > 0$ 与 $f(x)$ 为增函数的关系：若将 $f'(x) = 0$ 的根作为分界点，因为规定 $f'(x) > 0$，因为 $f'(x) \neq 0$，所以去掉了 $f'(x) = 0$ 的点. 此时 $f(x)$ 为增函数，就一定有 $f'(x) > 0$。所以当 $f'(x) \neq 0$ 时，$f'(x) > 0$ 是 $f(x)$ 为增函数的充分必要条件。③$f'(x) \geqslant 0$ 与 $f(x)$ 为增函数的关系：$f(x)$ 为增函数，一定可以推出 $f'(x) \geqslant 0$，但反之不一定，因为 $f'(x) \geqslant 0$，即为，$f'(x) > 0$ 或 $f'(x) = 0$. 当函数在某个区间内恒有 $f'(x) = 0$，则 $f(x)$ 为常数，函数不具有单调性。所以 $f'(x) \geqslant 0$ 是 $f(x)$ 为增函数的必要不充分条件。函数的单调性是函数一条重要性质，也是高中阶段研究的重点，我们一定要把握好以上三个关系，用导数判断好函数的单调性。因此新教材为解决单调区间的端点问题，都一律用开区间作为单调区间，避免讨论以上问题，也简化了问题。但在实际应用中还会遇到端点的讨论问题，要谨慎处理。

因此本题在第一步后再对 $a = -3$ 和 $a > -3$ 进行了讨论，确保其充要性。在解题中误将必要条件当作充分条件或将既不充分又不必要条件当作充要条件使用而导致的错误还很多。这需要同学们在学习过程中注意思维的严密性。

练8：（1）函数 $y = x^2 + bx + c$ $(x \in (0, +\infty))$ 为单调函数的充要条件是（　　）

A. $b \geqslant 0$ 　　　B. $b \leqslant 0$ 　　　C. $b > 0$ 　　　D. $b < 0$

答案：A.

（2）是否存在这样的 k 值，使函数 $f(x) = k^2 x^4 - \dfrac{2}{3} x^3 - kx^2 + 2x + \dfrac{1}{2}$ 在 $(1, 2)$ 上递减，在 $(2, +\infty)$ 上递增。

答案：$k = \dfrac{1}{2}$。（提示：据题意结合函数的连续性知 $f'(2) = 0$，但 $f'(2) = 0$ 是函数在 $(1, 2)$ 上递减，在 $(2, +\infty)$ 上递增的必要条件，不一定是充分条件，因此由 $f'(2) = 0$ 求出 k 值后要检验。）

（3）已知 $f(x) = x^3 + ax^2 + bx + a^2$ 在 $x = 1$ 处有极值为 10，则 $a + b$ = _____

由 $x = 1$ 时，函数取得极值 10，得

$$\begin{cases} f'(1) = 3 + 2a + b = 0, \text{①} \\ f(1) = 1 + a + b + a^2 = 10, \text{②} \end{cases}$$

联立①②得 $\begin{cases} a = 4 \\ b = -11 \end{cases}$ 或 $\begin{cases} a = -3 \\ b = 3 \end{cases}$

检验：当 $a = 4$，$b = -11$ 时，$f'(x) = 3x^2 + 8x - 11 = (3x + 11)(x - 1)$ 在 $x = 1$ 两侧的符号相反，符合题意。

当 $a = -3$，$b = 3$ 时，$f'(x) = 3(x-1)^2$ 在 $x = 1$ 两侧的符号相同，所以 $a = -3$，$b = 3$ 不符合题意，舍去。

综上可知 $a = 4$，$b = -11$.

$\therefore a + b = -7$.

易错点分析：学生对"导数为 0"与"有极值"逻辑关系分辨不清，错把 $f(1)$ 为极值的必要条件当作充要条件。

易错点 9：函数与方程及不等式的联系与转化。学生不能明确和利用三者的关系在解题中相互转化寻找解题思路。

例9：已知二次函数 $f(x)$ 满足 $f(-1)=0$，且 $x \leqslant f(x) \leqslant \frac{1}{2}(x^2+1)$ 对一切实数 x 恒成立。（1）求 $f(1)$；（2）求 $f(x)$ 的解析式；（3）求证：$\sum_{i=1}^{n} \frac{1}{f(k)} > \frac{2n}{n+2}(n \in \mathbf{N})$。

易错点分析：对条件中的不等关系向等式关系的转化不知如何下手，没有将二次不等式与二次函数相互转化的意识，解题找不到思路。

解析：（1）由已知令 $x=1$ 得：$1 \leqslant f(1) \leqslant \frac{1}{2}(1^2+1)=1$

$\therefore f(1)=1$.

（2）令 $f(x)=ax^2+bx+c$（$a \neq 0$）由 $f(-1)=0$，$f(1)=1$

得：$\begin{cases} a-b+c=0 \\ a+b+c=1 \end{cases}$

$\therefore b=\frac{1}{2}$，$c=\frac{1}{2}-a$ 即 $=f(x)=ax^2+\frac{1}{2}x+\frac{1}{2}-a$ 则 $x \leqslant f(x) \leqslant \frac{1}{2}$

(x^2+1) 对任意实数 x 恒成立就是 $\begin{cases} ax^2-\frac{1}{2}x+\frac{1}{2}-a \geqslant 0 \\ (1-2a)x^2-x+2a \geqslant 0 \end{cases}$ 对任意实数恒成

立，即：

$\begin{cases} a>0, \ 1-2a>0 \\ \Delta_1=\left(2a-\frac{1}{2}\right)^2 \leqslant 0 \\ \Delta_2=(4a-1)^2 \leqslant 0 \end{cases}$

$\therefore a=\frac{1}{4}$，$c=\frac{1}{4}$ 则 $f(x)=\frac{1}{4}x^2+\frac{1}{2}x+\frac{1}{4}$

（3）由（2）知 $f(x)=\frac{1}{4}(x+1)^2$，故 $\frac{1}{f(k)}=\frac{4}{(k+1)^2} >$

$\frac{4}{(k+1)(k+2)}=4\left(\frac{1}{k+1}-\frac{1}{k+2}\right)$

$\therefore \sum_{i=1}^{n} \frac{1}{f(k)} > 4\left(\frac{1}{2}-\frac{1}{3}+\frac{1}{3}-\frac{1}{4}+\cdots+\frac{1}{n+1}-\frac{1}{n+2}\right)=\frac{2n}{n+2}$，故原

不等式成立。

> 知识归类点拨：函数与方程的思想方法是高中数学的重要数学思想方法。函数思想，是指用函数的概念和性质去分析问题，转化问题和解决问题。方程思想，是从问题的数量关系入手，运用数学语言将问题中的条件转化为数学模型（方程，不等式，或方程与不等式的混合组），然后通过解方程（组）或不等式（组）来使问题获解。有时，还用到函数与方程的互相转化、接轨，达到解决问题的目的。对于不等式恒成立，引入新的参数化简不等式后，构造二次函数，利用函数的图像和单调性来解决问题，其中也联系到了方程无解，体现了方程思想和函数思想。一般地，我们在解题中要抓住二次函数及图像、二次不等式、二次方程三者之间的紧密联系，将问题进行相互转化。

练 9：已知二次函数 $f(x) = ax^2 + bx + c$（a，b，$c \in \mathbf{R}$），满足 $f(-1) = 0$；且对任意实数 x 都有 $f(x) - x \geq 0$；当 $x \in (0, 2)$ 时，有 $f(x) \leq \dfrac{(x+1)^2}{4}$。（1）求 $f(1)$ 的值；（2）证明 $a > 0$，$c > 0$；（3）当 $x \in [-1, 1]$ 时，函数 $g(x) = f(x) - mx$（$m \in \mathbf{R}$）是单调的，求证：$m \leq 0$ 或 $m \geq 1$.

（1）$f(1) = 1$；（2）运用重要不等式；（3）略。

> **易错点 10**：利用函数的单调性构造不等关系。要明确函数的单调性或单调区间及定义域限制。

例 10：记 $f(x) = ax^2 - bx + c$，若不等式 $f(x) > 0$ 的解集为 $(1, 3)$，试解关于 t 的不等式 $f(|t| + 8) < f(2 + t^2)$.

易错点分析：此题虽然不能求出 a，b，c 的具体值，但由不等式的解集与函数及方程的联系易知 1，3 是方程 $ax^2 - bx + c = 0$ 的两根，但易忽视二次函数开口方向，从而错误认为函数在 $[2, \infty)$ 上是增函数。

解析： 由题意知 $f(x) = a(x-x_1)(x-x_2) = a(x-1)(x-3)$，且 $a<0$，故二次函数在区间 $[2, \infty)$ 上是减函数。又因为 $8+|t|>8$，$2+t^2 \geq 2$，故由二次函数的单调性知不等式 $f(|t|+8)<f(2+t^2)$ 等价于 $8+|t|>2+t^2$，即 $|t|^2-|t|-6<0$，故 $|t|<3$，即不等式的解为：$-3<t<3$.

> **知识归类点拨：** 函数的单调性实质体现了不等关系，故函数与不等式的结合历来都是高考的热点内容，也是我们解答不等式问题的重要工具。在解题过程中要加强应用意识，如指数不等式，对数不等式，涉及抽象函数类型的不等式等，都与函数的单调性密切相关。

练 10： 回答下列问题。

(1) 解关于 x 的不等式 $\log_2(x-1) > \log_4[a(x-2)+1] \, (a>1)$

答案：当 $1<a<2$ 时，解集为 $\left\{x \mid 2-\dfrac{1}{a}<x<a \text{ 或 } x>2\right\}$，当 $a=2$ 时，解集为 $\left\{x \mid x>\dfrac{3}{2} \text{ 且 } x \neq 2\right\}$，当 $a>2$ 时，解集为 $\left\{x \mid 2-\dfrac{1}{a}<x<2 \text{ 或 } x>a\right\}$.

(2) (2005 全国卷 II) 设函数 $f(x) = 2^{|x+1|-|x-1|}$，求使 $f(x) \geq 2\sqrt{2}$ 的 x 取值范围。

答案：x 取值范围是 $\left[\dfrac{3}{4}, +\infty\right)$.

(3) 甲乙两地相距 $s\,km$，汽车从甲地匀速行驶到乙地，速度不得超过 $c\,km/h$，已知汽车每小时的运输成本（以元为单位）由可变部分和固定部分组成：可变部分与速度 v（km/h）的平方成正比，比例系数为 b；固定部分为 a 元。

① 把全程运输成本 y（元）表示为速度 v（km/h）的函数，并指出这个

函数的定义域;

② 为了使全程运输成本最小,汽车应以多大速度行驶?

答案为:① $y = \dfrac{s}{v}(bv^2 + a)(0 < v \leq c)$;②使全程运输成本最小,当

$\sqrt{\dfrac{a}{b}} \leq c$ 时,行驶速度 $v = \sqrt{\dfrac{a}{b}}$;当 $\sqrt{\dfrac{a}{b}} > c$ 时,行驶速度 $v = c$.

易错点 11:在涉及指对型函数的单调性有关问题时,没有根据性质进行分类讨论的意识和易忽略对数函数的真数的限制条件。

例 11:是否存在实数 a 使函数 $f(x) = \log_a(ax^2 - x)$ 在 $[2,4]$ 上是增函数?若存在,求出 a 的值;若不存在,说明理由。

易错点分析:本题主要考查对数函数的单调性及复合函数的单调性判断方法。在解题过程中,易忽略对数函数的真数大于零这个限制条件而导致 a 的范围扩大。

解析:函数 $f(x)$ 是由 $\phi(x) = ax^2 - x$ 和 $y = \log_a \phi x$ 复合而成的,根据复合函数单调性的判断方法(1)当 $a > 1$ 时,若使 $f(x) = \log_a(ax^2 - x)$ 在 $[2,4]$ 上是增函数,则 $\phi(x) = ax^2 - x$ 在 $[2,4]$ 上是增函数且大于零。故有

$$\begin{cases} \dfrac{1}{2a} \leq 2 \\ \phi(2) = 4a - 2 > 0 \end{cases}$$

解得 $a > \dfrac{1}{2}$.(2)当 $0 < a < 1$ 时,若使 $f(x) = \log_a(ax^2 - x)$ 在 $[2,4]$ 上是增函数,则 $\phi(x) = ax^2 - x$ 在 $[2,4]$ 上是减函数且大于零。

$$\begin{cases} \dfrac{1}{2a} \geq 4 \\ \phi(4) = 16a - 4 > 0 \end{cases}$$

不等式组无解。综上所述,存在实数 $a > 1$ 使得函数 $f(x) = \log_a(ax^2 - x)$ 在 $[2,4]$ 上是增函数。

> **知识归类点拨**：要熟练掌握常用初等函数的单调性。如：一次函数的单调性取决于一次项系数的符号；二次函数的单调性决定于二次项系数的符号及对称轴的位置；指数函数，对数函数的单调性决定于其底数的范围（大于 1 还是小于 1），特别在解决涉及指、对复合函数的单调性问题时要树立分类讨论的数学思想（对数型函数还要注意定义域的限制）。

练 11：（1）（黄岗 3 月统考变式题）设 $a > 0$，且 $a \neq 1$ 试求函数 $y = \log_a(4 + 3x - x^2)$ 的单调区间。

答案：当 $0 < a < 1$ 时，函数在 $\left(-1, \dfrac{3}{2}\right]$ 上单调递减，在 $\left[\dfrac{3}{2}, 4\right)$ 上单调递增；当 $a > 1$ 时，函数在 $\left(-1, \dfrac{3}{2}\right]$ 上单调递增，在 $\left[\dfrac{3}{2}, 4\right)$ 上单调递减。

（2）若函数 $f(x) = \log_a(x^3 - ax)(a > 0, a \neq 1)$ 在区间 $\left(-\dfrac{1}{2}, 0\right)$ 内单调递增，则 a 的取值范围是（　　　）

A. $\left[\dfrac{1}{4}, 1\right)$　　　　　　　　B. $\left[\dfrac{3}{4}, 1\right)$

C. $\left(\dfrac{9}{4}, +\infty\right)$　　　　　　　　D. $\left(1, \dfrac{9}{4}\right)$

答案：B.（记 $g(x) = x^3 - ax$，则 $g'(x) = 3x^2 - a$，当 $a > 1$ 时，要使得 $f(x)$ 是增函数，则需有 $g'(x) > 0$ 恒成立，所以 $a < 3\left(-\dfrac{1}{2}\right)^2 = \dfrac{3}{4}$. 矛盾。排除 C，D. 当 $0 < a < 1$ 时，要使 $f(x)$ 是增函数，则需有 $g'(x) < 0$ 恒成立，所以 $a > 3\left(-\dfrac{1}{2}\right)^2 = \dfrac{3}{4}$. 排除 A.）

易错点 12：牢记常用的求导公式，求复合函数的导数要分清函数的复合关系。

例 12： 函数 $y = x \cdot e^{1-\cos x}$ 的导数为＿＿＿＿＿＿＿＿＿

易错点分析： 复合函数对自变量的导数等于已知函数对中间变量的导数，乘以中间变量对自变量的导数，即 $y'_x = y'_u \cdot u'_x$.

解析： $y' = e^{1-\cos x} + x(e^{1-\cos x})' = e^{1-\cos x} + xe^{1-\cos x}(1 - \cos x)' = e^{1-\cos x} + xe^{1-\cos x}\sin x = (1 + x\sin x)e^{1-\cos x}$.

> **知识归类点拨：** 掌握复合函数的求导方法的关键在于分清函数的复合关系，适当选定中间变量。分步计算中的每一步都要明确是对哪个变量求导，而其中要特别注意的是中间变量的系数。

练 12： 已知 $a > 0$，n 为正整数。（1）设 $y = (x-a)^n$，证明 $y' = n(x-a)^{n-1}$；

（2）设 $f_n(x) = x^n - (x-a)^n$，对任意 $n \geq a$，证明 $f'_{n+1}(n+1) > (n+1)f'_n(n)$.

解析： 证明：（1）$(x-a)^n = \sum_{k=1}^{n} C_n^k (-a)^{n-k} x^k$，

$\therefore y' = \sum_{k=1}^{n} kC_n^k (-a)^{n-k} x^{k-1} = \sum_{k=1}^{n} nC_n^k (-a)^{n-k} x^{k-1} = n(x-a)^{n-1}$

（2）对函数 $f_n(x) = x^n - (x-a)^n$ 求导数：$f'_n(x) = nx^{n-1} - n(x-a)^{n-1}$，

$\therefore f'_n(n) = n[n^{n-1} - (n-a)^{n-1}]$.

当 $x \geq a > 0$ 时，$f'_n(x) > 0$

$\therefore n \geq a$ 时，$f_n(x) = x^n - (x-a)^n$ 是关于 x 的增函数，因此，当 $n \geq a$ 时，$(n+1)^n - (n+1-a)^n > n^n - (n-a)^n$.

$\therefore f'_{n+1}(n+1) = (n+1)[(n+1)^n - (n+1-a)^n] > (n+1)[n^n - (n-a)^n] > (n+1)[n^n - n(n-a)^{n-1}] = (n+1)f'_n(n)$，即对任意 $n \geq a$，$f'_{n+1}(n+1) > (n+1)f'_n(n)$.

易错点 13：求曲线的切线方程。

例13：已知函数 $f(x) = x^3 + bx^2 + cx + d$ 的图像过点 $P(0, 2)$，且在点 $M(-1, f(-1))$ 处的切线方程为 $6x - y + 7 = 0$. 求函数 $y = f(x)$ 的解析式。

易错点分析：利用导数的几何意义解答。

解析：由 $f(x)$ 的图像经过 $P(0, 2)$，知 $d = 2$，所以 $f(x) = x^2 + bx^2 + cx + 2$，

$f'(x) = 3x^2 + 2bx + c$. 由在 $M(-1, f(-1))$ 处的切线方程是 $6x - y + 7 = 0$，知 $-6 - f(-1) + 7 = 0$，即 $f(-1) = 1$，$f'(-1) = 6$.

$\therefore \begin{cases} 3 - 2b + c = 6, \\ -1 + b - c + 2 = 1. \end{cases}$ 即 $\begin{cases} 2b - c = 3, \\ b - c = 0, \end{cases}$ 解得 $b = c = -3$. 故所求的解析式是 $f(x) = x^3 - 3x^2 - 3x + 2$.

知识归类点拨：导数的几何意义：函数 $y = f(x)$ 在点 x_0 处的导数，就是曲线 $y = (x)$ 在点 $P(x_0, f(x_0))$ 处切线的斜率。由此，可以利用导数求曲线的切线方程。具体求法分两步：（1）求出函数 $y = f(x)$ 在点 x_0 处的导数，即曲线 $y = f(x)$ 在点 $P(x_0, f(x_0))$ 处切线的斜率；（2）在已知切点坐标和切线斜率的条件下，求得切线方程为 $y - y_0 = f'(x_0)(x - x_0)$. 特别地，如果曲线 $y = f(x)$ 在点 $P(x_0, f(x_0))$ 处切线平行于 y 轴，这时导数不存在，根据切线定义，可得切线方程为 $x = x_0$. 利用导数的几何意义作为解题工具，有可能出现在解析几何综合试题中，复习时要注意到这一点。

练13：（1）已知函数 $f(x) = \dfrac{ax-6}{x^2+b}$ 的图像在点 $M(-1, f(-1))$ 处的切线方程为 $x+2y+5=0$. 求函数 $y=f(x)$ 的解析式。

答案：$f(x) = \dfrac{2x-6}{x^2+3}$.

（2）已知曲线 $y = \dfrac{1}{3}x^3 + \dfrac{4}{3}$.

① 求曲线在点 $P(2, 4)$ 处的切线方程；

② 求曲线过点 $P(2, 4)$ 的切线方程。

易错点分析：学生对"在"与"过"易审题不仔细；或者对"过"某点也只理解为"在"某点。

解析：①∵$P(2, 4)$ 在曲线 $y = \dfrac{1}{3}x^3 + \dfrac{4}{3}$ 上，且 $y' = x^2$，

∴ 在点 $P(2, 4)$ 处的切线的斜率为 $y'|_{x=2} = 4$.

∴ 曲线在点 $P(2, 4)$ 处的切线方程为 $y-4 = 4(x-2)$，即 $4x-y-4=0$.

②设曲线 $y = \dfrac{1}{3}x^3 + \dfrac{4}{3}$ 与过点 $P(2, 4)$ 的切线相切于点 $A\left(x_0, \dfrac{1}{3}x_0^3 + \dfrac{4}{3}\right)$，则切线的斜率为 $y'|_{x=x_0} = x_0^2$.

∴ 切线方程为 $y - \dfrac{1}{3}x_0^3 + \dfrac{4}{3} = x_0^2(x-x_0)$，即 $y = x_0^2 x - \dfrac{2}{3}x_0^3 + \dfrac{4}{3}$.

∵ 点 $P(2, 4)$ 在切线上，

∴ $x_0^2(x_0+1) - 4(x_0+1)(x_0-1) = 0$，

∴ $(x_0+1)(x_0-2)^2 = 0$，解得 $x_0 = -1$ 或 $x_0 = 2$，故所求的切线方程为 $x-y+2=0$ 或 $4x-y-4=0$.

易错点14：利用导数求解函数的单调区间及值域。

例 14：已知函数 $f(x) = \dfrac{4x^2 - 7}{2 - x}$，$x \in [0, 1]$．

(1) 求 $f(x)$ 的单调区间和值域；

(2) 设 $a \geqslant 1$，函数 $g(x) = x^3 - 3a^2x - 2a$，$x \in [0, 1]$，若对于任意 $x_1 \in [0, 1]$，总存在 $x_0 \in [0, 1]$，使得 $g(x_0) = f(x_1)$ 成立，求 a 的取值范围。

易错点分析：利用导数求函数的单调区间仍然要树立起定义域优先的意识，同时要培养自己的求导及解不等式的运算能力。第 (2) 问要注意将问题进行等价转化，即转化为函数 $y = g(x)$ 在区间 $[0, 1]$ 上的值域是函数 $f(x)$ 的值域的子集，从而转化为求解函数 $y = g(x)$ 在区间 $[0, 1]$ 上的值域。

解析：(1) $f'(x) = \dfrac{-4x^2 + 16x - 7}{(2 - x)^2} = -\dfrac{(2x - 1)(2x - 7)}{(2 - x)^2}$，令 $f'(x) = 0$，解得 $x = \dfrac{1}{2}$ 或 $x = \dfrac{7}{2}$，在 $x \in \left(0, \dfrac{1}{2}\right)$ 时，$f'(x) < 0$，所以 $f(x)$ 为单调递减函数；在 $x \in \left(\dfrac{1}{2}, 1\right)$ 时，$f'(x) > 0$，所以 $f(x)$ 为单调递增函数；

又 $f(0) = -\dfrac{7}{2}$，$f(1) = -3$，$f\left(\dfrac{1}{2}\right) = -4$，即 $f(x)$ 的值域为 $[-4, -3]$，所以 $f(x)$ 的单调递减区间为 $\left(0, \dfrac{1}{2}\right)$，$f(x)$ 的单调递增区间为 $\left(\dfrac{1}{2}, 1\right)$，$f(x)$ 的值域为 $[-4, -3]$．（单调区间也可以为闭区间）

(2) $\because g'(x) = 3(x^2 - a^2)$，又 $a \geqslant 1$，当 $x \in (0, 1)$ 时，$g'(x) < 3(1 - a^2) \leqslant 0$，因此，当 $x \in (0, 1)$ 时，$g(x)$ 为减函数，从而当 $x \in [0, 1]$ 时，有 $g(x) \in [g(1), g(0)]$．

又 $g(1) = 1 - 2a - 3a^2$，$g(0) = -2a$，即当 $x \in [0, 1]$ 时，有 $g(x) \in [1 - 2a - 3a^2, -2a]$，任意给出 $x_1 \in [0, 1]$，有 $f(x_1) \in [-4, -3]$，存在 $x_0 \in [0, 1]$ 使得 $g(x_0) = f(x_1)$，

则 $\begin{cases} 1-2a-3a^2 \le -4 \\ -2a \ge -3 \end{cases} \Leftrightarrow \begin{cases} a \ge 1, \text{ 或 } a \le -\dfrac{5}{3} \\ a \le \dfrac{3}{2} \end{cases}$ 又 $a \ge 1$，所以 a 的取值范围是

$1 \le a \le \dfrac{2}{3}$.

知识归类点拨：导数在高考中的应用主要在于考查①函数的单调性问题；②函数的极值问题；③函数的切线问题；④不等式问题。

练 14：（1）已知函数 $f(x) = -x^3 + 3x^2 + 9x + a.$

① 求 $f(x)$ 的单调递减区间；

② 若 $f(x)$ 在区间 $[-2, 2]$ 上的最大值为 20，求它在该区间上的最小值。

答案：① $(-\infty, -1)$，$(3, +\infty)$；② $-7.$

（2）用长为 90cm，宽为 48cm 的长方形铁皮做一个无盖的容器，先在四角分别截去一个小正方形，然后把四边翻转 90°角，再焊接而成（如图 1），问该容器的高为多少时，容器的容积最大？最大容积是多少？

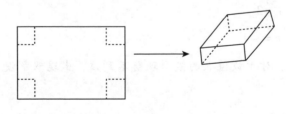

图 1

答案：当高为 10cm 时，容器有最大容积，最大容积为 19600cm³.（解析略）

易错点 15：利用导数求分段函数的单调性及函数的极值问题。

例 15：已知函数 $f(x) = \begin{cases} (3a-1)x + 4a(x<1) \\ \log_a x (x \geqslant 1) \end{cases}$ 在 **R** 上是单调递减函

数，则 a 的取值范围是：_____

易错点分析：①两段线满足单调递减；②衔接点处也要满足单调递减。

解析： $\begin{cases} 7a-1 \geqslant 0 \\ 3a-1 < 0 \\ 0 < a < 1 \end{cases}$ 解得 $a \in \left[\dfrac{1}{7}, \dfrac{1}{3} \right)$.

练 15：（1）若 $m = \dfrac{\lg^2 6}{4}, n = \lg 2 \cdot \lg 3$，则 m，n 的大小关系

是：_____

易错点分析：忽略了 $\lg 2 \neq \lg 3$ 这一条件。

解析：$m - n = \dfrac{(\lg 2 - \lg 3)^2}{4} > 0$，故 $m > n$.

（2）若函数 $f(x) = -\dfrac{1}{3}x^3 + bx^2 + cx + bc$ 在 $x = 1$ 处有极值 $-\dfrac{4}{3}$，则 b，c

的值是（　　）

A. $b = 1$，$c = -1$ 或 $b = -1$，$c = 3$

B. $b = 1$，$c = -1$

C. $b = -1$，$c = 3$

D. $b = -1$，$c = -1$

易错点分析：对于极值点的概念理解不到位，出现双解没有验证，导致

错选。

解析：由 $f'(x) = 0$，解得 $b = 1$，$c = -1$ 或 $b = -1$，$c = 3$. 经验证，当 b

$= 1$，$c = -1$ 时，$f'(x) = -x^2 + 2x - 1 = -(x-1)^2 \leqslant 0$，此时 $x = 1$ 不是极

值点。故选 C.

（3）已知函数 $f(x) = \dfrac{x^3}{3} - (4m-1)x^2 + (15m^2 - 2m - 7)x + 2$ 在实

数集 **R** 上是增函数，求实数 m 的取值范围。

解析：$\because f(x) = \dfrac{x^3}{3} - (4m-1)x^2 + (15m^2 - 2m - 7)x + 2$,

$\therefore f'(x) = x^2 - 2(4m-1)x + 15m^2 - 2m - 7$.

又 $f(x)$ 在 **R** 上是增函数，

$\therefore f'(x) \geqslant 0$ 在 **R** 上恒成立。

即 $x^2 - 2(4m-1)x + 15m^2 - 2m - 7 \geqslant 0$ 在 **R** 上恒成立。

$\therefore \Delta = 4(m^2 - 6m + 8) \leqslant 0$，得 $2 \leqslant m \leqslant 4$.

易错点分析：利用函数的单调性求参数的值，学生易忽略掉 $f'(x) = 0$ 的这种情况。导数与单调性的关系理解不准确而致误。

（4）函数 $f(x) = ax^3 - x^2 + x - 5$ 在 **R** 上是增函数，则 a 的取值范围是_____

解析：$f(x) = ax^3 - x^2 + x - 5$ 的导数 $f'(x) = 3ax^2 - 2x + 1$,

由 $f'(x) \geqslant 0$，得 $\begin{cases} a > 0, \\ \Delta = 4 - 12a \leqslant 0, \end{cases}$ 解得 $a \geqslant \dfrac{1}{3}$.

易错点 16：利用导数求解函数的单调区间及值域。分段函数不等式问题缺乏分类讨论思想。

例 16：函数 $f(x) = \begin{cases} \sqrt{x+1}, & -1 < x < 0, \\ 2x, & x \geqslant 0, \end{cases}$ 若实数 a 满足 $f(a) = f(a-1)$，则 $f\left(\dfrac{1}{a}\right) = $（　　）

A. 2   B. 4

C. 6   D. 8

易错点分析：分段函数解方程，不等式或求范围时应根据自变量的分段情况，转化为若干个不等式（组）求解，然后取这些方程。不等式（组）解集的并集，对分段情况讨论时出现混乱。

解析：由分段函数的结构知，$f(x)$ 的定义域是 $(-1, +\infty)$，所以 $a > 0$.

（1）当 $0 < a < 1$ 时，$-1 < a-1 < 0$，则 $f(a) = f(a-1)$ 可化为 $2a = \sqrt{a}$ 解得 $a = \dfrac{1}{4}$，

$\therefore f\left(\dfrac{1}{a}\right) = f(4) = 8$；

（2）当 $a \geqslant 1$ 时，即 $a-1 \geqslant 0$，则 $f(a) = f(a-1)$ 可化为 $2a = 2(a-1)$，方程无解。

故选 D.

知识归类点拨：若函数在其定义域内，对于定义域内的不同取值区间有着不同的对应关系，这样的函数通常叫作分段函数。

分段函数与分段不等式在高考考题中经常出现，解题过程中往往需要从解析式出发分段讨论研究，巧妙利用数学语言或图像语言来解决复杂的函数问题。涉及分段函数有关的不等式问题，主要表现为解不等式。当自变量的取值不确定时，往往要分类讨论求解；当自变量的取值确定，但分段函数中含有参数时，只需依据自变量的情况，直接代入相应的解析式求解。

注意：

1. 分段函数虽由几个部分构成，但它表示同一个函数。

2. 分段函数的定义域是各段定义域的并集，值域是各段值域的并集。

3. 各段函数的定义域不可以相交。

练 16：设函数 $f(x) = \begin{cases} 2^{-x}, & x \leqslant 0, \\ 1, & x > 0, \end{cases}$ 则满足 $f(x+1) < f(2x)$ 的 x 的取值范围是（　　）

A.　$(-\infty, -1]$　　　　　　　B.　$(0, +\infty)$

C. $(-1, 0)$　　　　　　D. $(-\infty, 0)$

答案：D.

例 17：已知函数 $y = f(x)$ 对于任意的 $x \in \left[0, \dfrac{\pi}{2}\right]$ 满足 $f'(x)\cos x + f(x)\sin x = 1 + \ln x$，其中 $f'(x)$ 是函数 $f(x)$ 的导函数，则下列不等式成立的是（　　）

A. $\sqrt{2}f\left(\dfrac{\pi}{3}\right) < f\left(\dfrac{\pi}{4}\right)$　　　　　　B. $\sqrt{2}f\left(\dfrac{\pi}{3}\right) > f\left(\dfrac{\pi}{4}\right)$

C. $\sqrt{2}f\left(\dfrac{\pi}{6}\right) < \sqrt{3}f\left(\dfrac{\pi}{4}\right)$　　　　　D. $\sqrt{2}f\left(\dfrac{\pi}{3}\right) > f\left(\dfrac{\pi}{6}\right)$

易错点分析：看到 $f'(x)\cos x + f(x)\sin x$ 这种形式，里面有个"＋"号，首先想到构造两个函数的乘积形式，一时忽略 $\cos x$ 和 $\sin x$ 求导后的符号问题，思维定式导致构造函数失败；还有忽略了定义域的范围，函数问题，定义域优先。

解析：令 $g(x) = \dfrac{f(x)}{\cos x}$，

则 $g'(x) = \dfrac{f'(x)\cos x - f(x)\sin x}{\cos^2 x} = \dfrac{1 + \ln x}{\cos^2 x}$，

由 $\begin{cases} 0 < x < \dfrac{\pi}{2} \\ g'(x) > 0 \end{cases}$ 解得 $\dfrac{1}{e} < x < \dfrac{\pi}{2}$；由 $\begin{cases} 0 < x < \dfrac{\pi}{2} \\ g'(x) < 0 \end{cases}$ 解得 $0 < x < \dfrac{1}{e} \cdot g(x)$

在 $\left(\dfrac{1}{e}, \dfrac{\pi}{2}\right)$ 上单调递增，又 $\dfrac{\pi}{3} > \dfrac{\pi}{4} > \dfrac{\pi}{e}$，所以 $g\left(\dfrac{\pi}{3}\right) > g\left(\dfrac{\pi}{4}\right)$，

所以 $\dfrac{f\left(\dfrac{\pi}{3}\right)}{\cos\dfrac{\pi}{3}} > \dfrac{f\left(\dfrac{\pi}{4}\right)}{\cos\dfrac{\pi}{4}}$，即 $\sqrt{2}f\left(\dfrac{\pi}{3}\right) > f\left(\dfrac{\pi}{4}\right)$.

知识归类点拨：

以下是导数关系构造函数的一些常见结构：

1. 对于不等式 $f'(x) + g'(x) > 0$，构造函数 $F(x) = f(x) + g(x)$.

2. 对于不等式 $f'(x) - g'(x) > 0$，构造函数 $F(x) = f(x) - g(x)$.

特别地，对于不等式 $f'(x) > k$，构造函数 $F(x) = f(x) - kx$.

3. 对于不等式 $f'(x)g(x) + f(x)g'(x) > 0$，构造函数 $F(x) = f(x) \cdot g(x)$.

4. 对于不等式 $f'(x)g(x) - f(x)g'(x) > 0$，构造函数 $F(x) = \dfrac{f(x)}{g(x)}$.

5. 对于不等式 $xf'(x) + nf(x) > 0$，构造函数 $F(x) = x^n \cdot f(x)$.

6. 对于不等式 $xf'(x) - nf(x) > 0$，构造函数 $F(x) = \dfrac{f(x)}{x^n}$.

7. 对于不等式 $f'(x) + f(x) > 0$，构造函数 $F(x) = e^x \cdot f(x)$.

8. 对于不等式 $f'(x) - f(x) > 0$，构造函数 $F(x) = \dfrac{f(x)}{e^x}$.

9. 对于不等式 $f'(x) + kf(x) > 0$，构造函数 $F(x) = e^{kx} \cdot f(x)$.

10. 对于不等式 $f'(x) - kf(x) > 0$，构造函数 $F(x) = \dfrac{f(x)}{e^{kx}}$.

11. 对于不等式 $f'(x)\cos x + f(x)\sin x > 0$. 构造函数 $F(x)$

$=\dfrac{f(x)}{\cos x}$.

12. 对于不等式 $f'(x)\cos x - f(x)\sin x > 0$. 构造函数 $F(x)$ $=f(x)\cdot\cos x$.

练17：函数 $f(x)$ 是定义在 $(0, +\infty)$ 上的可导函数，$f'(x)$ 为其导函数，若 $xf'(x) + f(x) = e^x(x-2)$，且 $f(3) = 0$，则不等式 $f(x) < 0$ 的解集为（　　）

A. $(0, 2)$ B. $(0, 3)$

C. $(2, 3)$ D. $(3, +\infty)$

解析：令 $g(x) = xf(x)$，$x \in (0, +\infty)$，则 $g'(x) = xf'(x) + f(x) = e^x(x-2)$，可知当 $x \in (0, 2)$ 时，$g(x) = xf(x)$ 是减函数，当 $x \in (2, +\infty)$ 时，$g(x) = xf(x)$ 是增函数。又 $f(3) = 0$，所以 $g(3) = 3f(3) = 0$. 在 $(0, +\infty)$ 上，不等式 $f(x<0)$ 的解集就是 $xf(x)$ 的解集，又 $g(0) = 0$，所以 $f(x) < 0$ 的解集是 $(0, 3)$，故选 B.

易错点18：对数函数中常常忽视隐含不等式。

例18：已知函数 $f(x) = \log_a(x+1)$，$g(x)\ \log_a\dfrac{1}{1-x}$，其中常数 $a > 0$ 且 $a \neq 1$. 记函数 $F(x) = 2f(x) + g(x)$.

（1）求函数 $F(x)$ 的零点；

（2）若关于 x 的方程 $F(x) - 2m^2 + 3m + 5 = 0$ 在区间 $(0, 1)$ 内有且仅有一解，求实数 m 的取值范围。

易错点分析：（1）忽视对数函数真数大于零，导致出现多解。（2）复合函数单调性，同增异减，分类讨论思想缺失；分类后的两种情况有的同学对取交集和并集出现乱用、混用现象。

解析：解：(1) $F(x) = 2\log_a(x+1) + \log_a \dfrac{1}{1-x}$.

由 $\begin{cases} x+1 > 0 \\ \dfrac{1}{1-x} > 0 \end{cases}$，解得 $-1 < x < 1$，所以函数 $F(x)$ 的定义域为 $(-1, 1)$.

令 $F(x) = 0$，则 $\log_a(x+1)^2 = \log_a(1-x)$，即 $x^2 + 3x = 0$，

解得 $x = 0$ 或 $x = -1$，因为 $-1 < x < 1$，所以 $x = 0$，

故函数 $F(x)$ 的零点为 $x = 0$.

(2) 原问题等价于 $2m^2 - 3m - 5 = F(x)$ 在区间 $(0, 1)$ 内仅有一解，

因为函数 $y = x+1$，$y = \dfrac{1}{1-x}$ 在定义域上是增函数，

所以①当 $a > 1$ 时，$F(x)$ 在 $(0, 1)$ 上是增函数，

所以 $F(x) \in (0, +\infty)$，故只需 $2m^2 - 3m - 5 > 0$，解得 $m < -1$ 或 $m > \dfrac{5}{2}$；

②当 $0 < a < 1$ 时，$F(x)$ 在 $(0, 1)$ 上是减函数，所以 $F(x) \in (-\infty, 0)$，

故只需 $2m^2 - 3m - 5 < 0$，得 $-1 < m < \dfrac{5}{2}$，综上所述，当 $0 < a < 1$ 时，实

数 m 的取值范围为 $\left(-1, \dfrac{5}{2}\right)$.

当 $a > 1$ 时，实数 m 的取值范围为 $(-\infty, -1) \cup \left(\dfrac{5}{2}, +\infty\right)$.

知识归类点拨：利用对数函数的性质，求与对数函数有关的函数值域，最值和复合函数的单调性问题，必须弄清三方面的问题：一是定义域，所有问题都必须在定义域内讨论；二是底数与1的大小

关系；三是复合函数的构成，即它是由哪些基本初等函数复合而成的。另外，解题时要注意数形结合，分类讨论，转化与化归思想的使用。

练 18：已知函数 $f(x) = \log_a(3 - ax)$

（1）当 $x \in [0, 2]$ 时，函数 $f(x)$ 恒有意义，求实数 a 的取值范围。

（2）是否存在这样的实数 a，使得函数 $f(x)$ 在区间 $[1, 2]$ 上为减函数，并且最大值为 1？如果存在，试求出 a 的值；如果不存在，请说明理由。

解析：（1）因为 $a > 0$ 且 $a \neq 1$，设 $t(x) = 3 - ax$，则 $t(x) = 3 - ax$ 为减函数，当 $x \in [0, 2]$ 时，$t(x)$ 的最小值为 $3 - 2a$，当 $x \in [0, 2]$ 时，$f(x)$ 恒有意义，即当 $x \in [0, 2]$ 时，$3 - at > 0$ 恒成立。所以 $3 - 2a > 0$，所以 $a < \dfrac{3}{2}$. 又 $a > 0$ 且 $a \neq 1$，所以 a 的取值范围是 $(0, 1) \cup \left(1, \dfrac{3}{2}\right)$.

（2）不存在。理由如下：

$t(x) = 3 - ax$，因为 $a > 0$，且 $a \neq 1$，所以函数 $t(x)$ 为减函数。因为 $f(x)$ 在区间 $[1, 2]$ 上为减函数，所以 $y = \log_a t$ 为增函数，所以 $a > 1$，$x \in [1, 2]$ 时，$t(x)$ 的最小值为 $3 - 2a$，$f(x)$ 最大值为 $f(1) = \log_a(3 - a)$，所以 $\begin{cases} 3 - 2a > 0 \\ \log_a(3 - a) = 1 \end{cases}$，即 $\begin{cases} a < \dfrac{3}{2} \\ a = \dfrac{3}{2} \end{cases}$，故不存在这样的实数 a，

使得函数 $f(x)$ 在区间 $[1, 2]$ 上为减函数，并且最大值为 1.

易错点 19：对导数定义本质理解不够导致思路不畅。

例 19：已知函数 $f(x)$ 在 $x = x_0$ 处可导，若 $\lim\limits_{\Delta x \to 0} \dfrac{f(x_0 + 3\Delta x) - f(x_0)}{\Delta x} =$

1，则 $f'(x_0) = ($ $)$

A. 1   B. $\dfrac{1}{3}$ C. 3   D. 0

易错点分析：对概念理解不到位，不能理解所给式子的意义，导致错误。

解析：由已知可得 $\lim\limits_{\Delta x \to 0} \dfrac{f(x_0 + 3\Delta x) - f(x_0)}{\Delta x} = 3 \lim\limits_{\Delta x \to 0} \dfrac{f(x_0 + 3\Delta x) - f(x_0)}{3\Delta x} = 3f'(x_0) = 1$.

所以 $f'(x_0) = \dfrac{1}{3}$. 选 B.

知识归类点拨：函数 $y = f(x)$ 在 $x = x_0$ 处的导数：函数 $y = f(x)$ 在 $x = x_0$ 处的瞬时变化率 $\lim\limits_{\Delta x \to 0} \dfrac{\Delta y}{\Delta x} = \lim\limits_{\Delta x \to 0} \dfrac{f(x_0 + \Delta x) - f(x_0)}{\Delta x}$ 为函数 $y = f(x)$ 在 $x = x_0$ 处的导数，记作 $f'(x_0)$ 或 $y'\big|_{x = x_0}$，即

$$f'(x_0) = \lim\limits_{\Delta x \to 0} \dfrac{f(x_0 + \Delta x) - f(x_0)}{\Delta x}.$$

练 19：设 $f(x)$ 存在导函数且满足 $\lim\limits_{\Delta x \to 0} \dfrac{f(1) - f(1 - 2\Delta x)}{2\Delta x} = -1$，则曲线 $y = f(x)$ 上的点 $(1, f(1))$ 处切线的斜率为（   ）

A. -1 B. -2 C. 1   D. 2

解析：$y = f(x)$ 在点 $(1, f(1))$ 处切线的斜率为 $f'(1) = \lim\limits_{\Delta x \to 0} \dfrac{f(1) - f(1 - 2\Delta x)}{2\Delta x} = -1$，选 A.

第三节　三角函数及解三角形

易错或易混淆概念：

19. 三角公式记住了吗？两角和与差的公式、二倍角公式、万能公式、正切半角公式；解题时本着"三看"的基本原则来进行"看角，看函数，看特征"，基本的技巧有：巧变角，公式变形使用，化切割为弦，用倍角公式将高次降次。

20. 在解三角函数问题时，你注意到正切函数、余切函数的定义域了吗？正切函数在整个定义域内是否为单调函数？你注意到正弦函数、余弦函数的有界性了吗？

21. 在三角函数中，你知道 1 等于什么吗？（ $1 = \sin^2 x + \cos^2 x = \sec^2 x - \tan^2 x = \tan x \cdot \cot x = \tan \dfrac{\pi}{4} = \sin \dfrac{\pi}{2} = \cos 0 = \cdots\cdots$ 这些统称为 1 的代换）常数"1"的种种代换有着广泛的应用。（还有同角关系公式：商的关系，倒数关系，平方关系；诱导公式：奇变偶不变，符号看象限）

22. 在三角的恒等变形中，要特别注意角的各种变换。（如 $\beta = (\alpha + \beta) - \alpha$, $\beta = (\beta - \alpha) + \alpha$, $\dfrac{\alpha + \beta}{2} = \left(\alpha - \dfrac{\beta}{2}\right) - \left(\dfrac{\alpha}{2} - \beta\right)$ 等）

23. 你还记得三角函数化简题的要求是什么吗？（项数最少，函数种类最少，分母不含三角函数，且能求出值的式子，一定要算出值来）

24. 你还记得三角函数化简的通性通法吗？（切割化弦，降幂公式，用三角函数公式转化出特殊角。异角化同角，异名化同名，高次化低次）你还记得降幂公式吗？（$\cos^2 x = (1 + \cos 2x)/2$；$\sin^2 x = (1 - \cos 2x)/2$）.

25. 你还记得某些特殊角的三角函数值吗？

$$\left(\sin 15° = \cos 75° = \frac{\sqrt{6} - \sqrt{2}}{4}, \sin 75° = \cos 15° = \frac{\sqrt{6} + \sqrt{2}}{4}, \sin 18° = \frac{\sqrt{5} - 1}{4}\right)$$

26. 你还记得在弧度制下弧长公式和扇形面积公式吗？（$l = |\alpha| r, S_{\text{扇形}} = \frac{1}{2} lr$）

27. 辅助角公式：$a \sin x + b \cos x = \sqrt{a^2 + b^2} \sin(x + \theta)$（其中 θ 角所在的象限由 a，b 的符号确定，θ 角的值由 $\tan \theta = \frac{b}{a}$ 确定）在求最值、化简时起着重要作用。

28. 三角函数（正弦，余弦，正切）图像的草图要能迅速画出？能写出它定义域、值域的单调区间、对称轴、取最值时的 x 值的集合吗？（别忘了 $k \in \mathbf{Z}$）

三角函数性质要记牢。函数 $y = A \sin(\omega \cdot x + \varphi) + k$ 的图像及性质：

振幅 $|A|$，周期 $T = \frac{2\pi}{|\omega|}$，若 $x = x_0$ 为此函数的对称轴，则 x_0 是使 y 取到最值的点。

五点作图法：令 $\omega x + \varphi$ 依次为 0，$\frac{\pi}{2}$，π，$\frac{3\pi}{2}$，2π 求出 x 与 y，依点（x，y）作图。

29. 三角函数图像变换还记得吗？

平移公式：（1）如果点 P（x，y）按向量 $\vec{a} = (h, k)$ 平移至 P'（x'，y'），则 $\begin{cases} x' = x + h, \\ y' = y + k. \end{cases}$

（2）曲线 $f(x, y) = 0$ 沿向量 $\vec{a} = (h, k)$ 平移后的方程为 $f(x - h, y - k) = 0$.

30. 有关斜三角形的几个结论：（1）正弦定理；（2）余弦定理；（3）面积公式。

31. 在用反三角函数表示直线的倾斜角、两条异面直线所成的角等情形时，你是否注意到它们各自的取值范围及意义？

（1）异面直线所成的角、直线与平面所成的角、向量的夹角的取值范围依次是 $\left(0, \dfrac{\pi}{2}\right]$，$\left[0, \dfrac{\pi}{2}\right]$，$[0, \pi]$．

（2）直线的倾斜角、l_1 到 l_2 的角、l_1 与 l_2 的夹角的取值范围依次是 $[0, \pi)$，$[0, \pi)$，$\left(0, \dfrac{\pi}{2}\right]$．

（3）反正弦函数、反余弦函数、反正切函数的取值范围分别是 $\left[-\dfrac{\pi}{2}, \dfrac{\pi}{2}\right]$，$[0, \pi]$，$\left(-\dfrac{\pi}{2}, \dfrac{\pi}{2}\right)$．

易错点 20：用换元法解题时，易忽略换元前后的等价性。

例 20：已知 $\sin x + \sin y = \dfrac{1}{3}$，求 $\sin y - \cos^2 x$ 的最大值。

易错点分析：通过条件 $\sin x + \sin y = \dfrac{1}{3}$ 将问题转化为关于 $\sin x$ 的函数，然后换元，令 $t = \sin x$，将问题变为关于 t 的二次函数的最值求解。但极易忽略换元后 t 的取值范围。

解析：由已知条件有 $\sin y = \dfrac{1}{3} - \sin x$ 且 $\sin y = \dfrac{1}{3} - \sin x \in [-1, 1]$（结合 $\sin x \in [-1, 1]$）得 $-\dfrac{2}{3} \leqslant \sin x \leqslant 1$，而 $\sin y - \cos^2 x = \dfrac{1}{3} - \sin x - \cos^2 x = \sin^2 x - \sin x - \dfrac{2}{3}$，令 $t = \sin x \left(-\dfrac{2}{3} \leqslant t \leqslant 1\right)$ 则原式 $= t^2 - t - \dfrac{2}{3}\left(-\dfrac{2}{3} \leqslant t \leqslant 1\right)$．根据二次函数配方得：当 $t = -\dfrac{2}{3}$ 即 $\sin x = -\dfrac{2}{3}$ 时，原式取得最大值 $\dfrac{4}{9}$.

知识归类点拨："知识"是基础，"方法"是手段，"思想"是深化，提高数学素质的核心就是提高学生对数学思想方法的认识和运用，数学素质的综合体现就是"能力"。解数学题时，把某个式子看成一个整体，用一个变量去代替它，从而使问题得到简化，这叫换元法。换元的实质是转化，关键是构造元和设元，理论依据是等量代换，目的是变换研究对象，将问题移至新对象的知识背景中去研究，从而使非标准型问题标准化，复杂问题简单化，变得容易处理。换元法又称辅助元素法、变量代换法。通过引进新的变量，可以把分散的条件联系起来，隐含的条件显露出来，或者把条件与结论联系起来，或者变为熟悉的形式，把复杂的计算和推证简化。

练20：（1）设 $a>0$，求 $f(x)=2a(\sin x+\cos x)-\sin x\cdot\cos x-2a^2$ 的最大值和最小值。

答案：$f(x)$ 的最小值为 $-2a^2-2\sqrt{2}a-\dfrac{1}{2}$，最大值为
$$\begin{cases}\dfrac{1}{2}\left(0<a<\dfrac{\sqrt{2}}{2}\right)\\[3mm]-2a^2+2\sqrt{2}a-\dfrac{1}{2}\left(a\leqslant\dfrac{\sqrt{2}}{2}\right)\end{cases}$$

（2）不等式 $\sqrt{x}>ax+\dfrac{3}{2}$ 的解集是（4，b），则 $a=$ _____，$b=$ _____

答案：$a=\dfrac{1}{8}$，$b=36$（提示令换元 $\sqrt{x}=t$，原不等式变为关于 t 的一元二次不等式的解集为 $(2,\sqrt{b})$.

易错点21：易遗忘关于 $\sin\theta$ 和 $\cos\theta$ 齐次式的处理方法。

例 21：已知 $\tan\theta = \sqrt{2}$，求 （1） $\dfrac{\cos\theta + \sin\theta}{\cos\theta - \sin\theta}$；（2） $\sin^2\theta - \sin\theta\cos\theta + 2\cos^2\theta$ 的值。

易错点分析：将式子转化为正切，如利用 $1 = \sin^2\alpha + \cos^2\alpha$ 可将 （2） 式分子分母除去 $\sin\theta$ 即可。

解析：（1） $\dfrac{\cos\theta + \sin\theta}{\cos\theta + \sin\theta} = \dfrac{1 + \dfrac{\sin\theta}{\cos\theta}}{1 - \dfrac{\sin\theta}{\cos\theta}} = \dfrac{1 + \tan\theta}{1 - \tan\theta} = \dfrac{1 + \sqrt{2}}{1 - \sqrt{2}} = -3 - 2\sqrt{2}$；

（2） $\sin^2\theta - \sin\theta\cos\theta + 2\cos^2\theta = \dfrac{\sin^2\theta - \sin\theta + 2\cos^2\theta}{\sin^2\theta + \cos^2\theta}$

$= \dfrac{\dfrac{\sin^2\theta}{\cos^2\theta} - \dfrac{\sin\theta}{\cos\theta} + 2}{\dfrac{\sin^2\theta}{\cos^2\theta} + 1} = \dfrac{2 - \sqrt{2} + 2}{2 + 1} = \dfrac{4 - \sqrt{2}}{3}.$

知识归类点拨：利用齐次式的结构特点（如果不具备，通过构造的办法得到），进行弦切互化，就会使解题过程简化。

练 21：已知 $6\sin^2\alpha + \sin\alpha\cos\alpha - 2\cos^2\alpha = 0$，$\alpha \in \left[\dfrac{\pi}{2},\ \pi\right]$，求 $\sin\left(2\alpha + \dfrac{\pi}{3}\right)$ 的值。

答案：$-\dfrac{6}{13} + \dfrac{5\sqrt{3}}{26}\left(\text{原式可化为 } 6\tan^2\alpha + \tan\alpha - 2 = 0,\ \sin\left(2\alpha + \dfrac{\pi}{3}\right) = \right.$

$\left. \dfrac{\tan\alpha + \dfrac{\sqrt{3}}{2}\ (1 - \tan^2\alpha)}{1 + \tan^2\alpha} \right).$

易错点 22：解答数列应用题，审题不严易将有关数列的第 n 项与数列的前 n 项和混淆而导致错误解答。

例 22：如果能将一张厚度为 0.05mm 的报纸对折，再对折……对折 50 次后，报纸的厚度是多少？你相信这时报纸的厚度可以在地球和月球之间建一座桥吗？（已知地球与月球的距离约为 4×10^8 米）

易错点分析：对折 50 次后，报纸的厚度应理解为等比数列的第 n 项，易误理解为是等比数列的前 n 项和。

解析：对折一次厚度增加为原来的一倍，设每次对折厚度构成数列 a_n，则数列 a_n 是以 $a_1 = 0.05 \times 10^{-3}$ 米为首项，公比为 2 的等比数列。从而对折 50 次后纸的厚度是此等比数列的第 51 项，利用等比数列的通项公式易得 $a_{51} = 0.05 \times 10^{-3} \times 2^{50} = 5.63 \times 10^{10}$，而地球和月球间的距离为 $4 \times 10^8 < 5.63 \times 10^{10}$。

知识归类点拨：以数列为数学模型的应用题曾是高考考查的热点内容之一，其中有很多问题都是涉及等差数列或者等比数列的前 n 项和或第 n 项的问题，在审题过程中一定要将两者区分开来。

练 22：从社会效益和经济效益出发，某地投入资金进行生态环境建设，并以此发展旅游产业。根据规划，本年度投入 800 万元，以后每年投入将比上年减少 $\frac{1}{5}$，本年度当地旅游业收入估计为 400 万元，由于该项建设对旅游业的促进作用，预计今后的旅游业收入每年会比上年增加 $\frac{1}{4}$．

（1）设 n 年内（本年度为第一年）总投入为 a_n 万元，旅游业总收入为 b_n 万元，写出 a_n，b_n 的表达式；

（2）至少经过几年，旅游业的总收入才能超过总投入？

解析：（1）$a_n = 800 + 800 \times \left(1 - \frac{1}{5}\right) + \cdots + 800 \times \left(1 - \frac{1}{5}\right)^{n-1} = \sum_{k=1}^{n} 800$

$\times \left(1 - \frac{1}{5}\right)^{k-1} = 4000 \times \left[1 - \left(\frac{4}{5}\right)^n\right]$

$$b_n = 400 + 400 \times \left(1 + \frac{1}{4}\right) + \cdots + 400 \times \left(1 + \frac{1}{4}\right)^{n-1} = \sum_{k=1}^{n} 400 \times \left(\frac{5}{4}\right)^{k-1} =$$

$$1600 \times \left[\left(\frac{5}{4}\right)^n - 1\right]$$

（2）至少经过 5 年，旅游业的总收入才能超过总投入。

易错点 23：单位圆中的三角函数线，在解题中，一方面学生易对此知识遗忘，应用意识不强；另一方面易将角的三角函数值所对应的三角函数线与线段的长度二者等同起来，产生概念性的错误。

例 23：下列命题正确的是（　　　）

A. α，β 都是第二象限角，若 $\sin\alpha > \sin\beta$，则 $\tan\alpha > \tan\beta$

B. α，β 都是第三象限角，若 $\cos\alpha > \cos\beta$，则 $\sin\alpha > \sin\beta$

C. α，β 都是第四象限角，若 $\sin\alpha > \sin\beta$，则 $\tan\alpha > \tan\beta$

D. α，β 都是第一象限角，若 $\cos\alpha > \cos\beta$，则 $\sin\alpha > \sin\beta$

易错点分析：学生在解答此题时易出现如下错误：（1）将象限角简单理解为锐角或钝角或 270 度到 360 度之间的角。（2）思维转向利用三角函数的单调性，没有应用三角函数线比较两角三角函数值大小的意识而使思维受阻。

解析：A. 由三角函数易知此时角 α 的正切线的数量比角 β 的正切线的数量要小即 $\tan\alpha < \tan\beta$；

B. 同理可知 $\sin\alpha < \sin\beta$；

C. 知满足条件的角 α 的正切线的数量比角 β 的正切线的数量要大即 $\tan\alpha > \tan\beta$. 正确；

D. 同理可知应为 $\sin\alpha < \sin\beta$。

知识归类点拨：单位圆的三角函数线将抽象的角的三角函数值同直观的有向线段的数量对应起来，体现了数形结合的数学思想，要注意的一点就是角的三角函数值是有向线段的数量而不是长度。三角函数线在解三角不等式、比较角的同名函数值的大小、三角关系式的证明中，都有广泛的应用并且在这些方面具一定的优越性。例如利用三角函数线易知 $\alpha \in \left(0, \dfrac{\pi}{2}\right)$，$\sin\alpha < \alpha < \tan\alpha$，$|\sin\alpha| + |\cos\alpha| \geqslant 1$ 等。

练23：已知 $\sin\alpha > \sin\beta$，那么下列命题正确的是（　　　）

A. 若 α，β 都是第一象限角，则 $\cos\alpha > \cos\beta$

B. 若 α，β 都是第二象限角，则 $\tan\alpha > \tan\beta$

C. 若 α，β 都是第三象限角，则 $\cos\alpha > \cos\beta$

D. 若 α，β 都是第四象限角，则 $\tan\alpha > \tan\beta$

答案：D.

易错点24：在利用三角函数的图像变换中的周期变换和相位变换解题时，易将 ω 和 ϕ 求错。

例24：要得到函数 $y = \sin\left(2x - \dfrac{\pi}{3}\right)$ 的图像，只需将函数 $y = \sin\dfrac{1}{2}x$ 的图像（　　）

A. 每个 x 值扩大到原来的 4 倍，y 值不变，再向右平移 $\dfrac{\pi}{3}$ 个单位

B. 每个 x 值缩小到原来的 $\dfrac{1}{4}$ 倍，y 值不变，再向左平移 $\dfrac{\pi}{3}$ 个单位

C. 每个 x 值扩大到原来的 4 倍，y 值不变，再向左平移个 $\dfrac{\pi}{6}$ 单位

D. 每个 x 值缩小到原来的 $\frac{1}{4}$ 倍，y 值不变，再向右平移 $\frac{\pi}{6}$ 个单位

易错点分析： $y = \sin\frac{1}{2}x$ 变换成 $y = \sin 2x$ 是把每个 x 值缩小到原来的 $\frac{1}{4}$ 倍，有的同学误认为是扩大到原来的 4 倍，这样就误选 A 或 C，再把 $y = \sin 2x$ 平移到 $y = \sin\left(2x - \frac{\pi}{3}\right)$. 有的同学平移方向错了，有的同学平移的单位误认为是 $\frac{\pi}{3}$.

解析： 由 $y = \sin\frac{1}{2}x$ 变形为 $y = \sin\left(2x - \frac{\pi}{3}\right)$. 常见有两种变换方式，一种先进行周期变换，即将 $y = \sin\frac{1}{2}x$ 的图像上各点的纵坐标不变，横坐标变为原来的 $\frac{1}{4}$ 倍得到函数 $y = \sin 2x$ 的图像，再将函数 $y = \sin 2x$ 的图像纵坐标不变，横坐标向右平移 $\frac{\pi}{6}$ 单位。即得函数 $y = \sin\left(2x - \frac{\pi}{3}\right)$. 或者先进行相位变换，即将 $y = \sin\frac{1}{2}x$ 的图像上各点的纵坐标不变，横坐标向右平移 $\frac{2\pi}{3}$ 个单位，得到函数 $y = \sin\frac{1}{2}\left(x - \frac{2\pi}{3}\right) = \sin\left(\frac{1}{2}x - \frac{\pi}{3}\right)$ 的图像，再将其横坐标变为原来的 4 倍即得函数 $y = \sin\left(2x - \frac{\pi}{3}\right)$ 的图像。

知识归类点拨： 利用图角变换作图是作出函数图像的一种重要的方法。一般地由 $y = \sin x$ 得到 $y = A\sin(wx + \phi)$ 的图像有如下两种思路：一种是先进行振幅变换即由 $y = \sin x$ 横坐标不变，纵坐标变为原来的 A 倍得到 $y = A\sin x$，再进行周期变换即由 $y = A\sin x$ 纵坐标不变，横坐标变为原来的 $\frac{1}{\omega}$ 倍，得到 $y = A\sin wx$，再进行相位变换即由 $y = A\sin wx$ 横坐标向左（右）平移 $\left|\frac{\omega}{\phi}\right|$ 个单位，即得 $y = A\sin\omega\left(x + \frac{\phi}{\omega}\right) =$

$A\sin(\omega x + \phi)$；另一种就是先进行振幅变换，再进行相位变换即由 y $= A\sin x$ 向左（右）平移 $|\phi|$ 个单位，得到函数 $y = A\sin(x + \phi)$ 的图像，再将其横坐标变为原来的 $\frac{1}{\omega}$ 倍即得 $y = A\sin(wx + \phi)$. 要注意一点就是不论哪一种变换都是对纯粹的变量 x 来说的。

练24：要得到 $y = \sqrt{2}\cos x$ 的图像，只需将函数 $y = \sqrt{2}\sin\left(2x + \frac{\pi}{4}\right)$ 的图像上所有的点（　　）

A. 横坐标缩短为原来的 $\frac{1}{2}$ 倍（纵坐标不变），再向左平移 $\frac{\pi}{8}$ 个单位长度

B. 横坐标缩短为原来的 $\frac{1}{2}$ 倍（纵坐标不变），再向右平移 $\frac{\pi}{4}$ 个单位长度

C. 横坐标伸长为原来的 2 倍（纵坐标不变），再向左平移 $\frac{\pi}{4}$ 个单位长度

D. 横坐标伸长为原来的 2 倍（纵坐标不变），再向右平移 $\frac{\pi}{8}$ 个单位长度

答案：C.

易错点 25：没有挖掘题目中的隐含条件，忽视对角的范围的限制而造成增解现象。

例 25：已知 $\alpha \in (0, \pi)$，$\sin\alpha + \cos\alpha = \frac{7}{13}$，求 $\tan\alpha$ 的值。

易错点分析：本题可依据条件 $\sin\alpha + \cos\alpha = \frac{7}{13}$，利用 $\sin\alpha - \cos\alpha = \pm\sqrt{1 - 2\sin\alpha\cos\alpha}$ 可解得 $\sin\alpha - \cos\alpha$ 的值，再通过解方程组的方法即可解得 $\sin\alpha$，$\cos\alpha$ 的值。但在解题过程中易忽视 $\sin\alpha\cos\alpha < 0$ 这个隐含条件来确定角 α 范围，主观认为 $\sin\alpha - \cos\alpha$ 的值可正可负从而造成增解。

解析：据已知 $\sin\alpha + \cos\alpha = \dfrac{7}{13}$ ①

有 $2\sin\alpha\cos\alpha = -\dfrac{120}{169} < 0$，又由于 $\alpha \in (0, \pi)$，故有 $\sin\alpha > 0$，$\cos\alpha < 0$，从而 $\sin\alpha - \cos\alpha > 0$

即 $\sin\alpha - \cos\alpha = \sqrt{1 - 2\sin\alpha\cos\alpha} = \dfrac{17}{13}$ ②

联立①②可得 $\sin\alpha = \dfrac{12}{13}$，$\cos\alpha = -\dfrac{5}{13}$ 可得 $\tan\alpha = -\dfrac{12}{5}$．

知识归类点拨：在三角函数的化简求值过程中，角的范围的确定一直是其重点和难点，在解题过程中要注意在已有条件的基础上挖掘隐含条件，如：结合角的三角函数值的符号，三角形中各内角均在 $(0, \pi)$ 区间内，与已知角的三角函数值的大小比较结合三角函数的单调性等。本题中实际上由单位圆中的三角函数线可知，若 $\alpha \in \left(0, \dfrac{\pi}{2}\right)$ 则必有 $\sin\alpha + \cos\alpha > 1$，故必有 $\alpha \in \left(\dfrac{\pi}{2}, \pi\right)$．

练 25：已知 $\sin\theta + \cos\theta = \dfrac{1}{5}$，$\theta \in (0, \pi)$，则 $\cot\theta$ 的值是＿＿＿＿＿＿

答案：$-\dfrac{3}{4}$．

易错点 26：根据已知条件确定角的大小，没有通过确定角的三角函数值再求角的意识或确定角的三角函数名称不适当造成错解。

例 26：若 $\sin\alpha = \dfrac{\sqrt{5}}{5}$，$\sin\beta = \dfrac{\sqrt{10}}{10}$，且 α，β 均为锐角，求 $\alpha + \beta$ 的值。

易错点分析：本题在解答过程中，若求 $\alpha + \beta$ 的正弦，这时由于正弦函数在 $(0, \pi)$ 区间内不单调，故满足条件的角有两个，两个是否都满足还需进一步检验，这就给解答带来了困难。但若求 $\alpha+\beta$ 的余弦就不易出错，这是因为余弦函数在 $(0，\pi)$ 内单调，满足条件的角唯一。

解析： 由 $\sin\alpha=\dfrac{\sqrt{5}}{5}$，$\sin\beta=\dfrac{\sqrt{10}}{10}$ 且 α，β 均为锐角，知 $\cos\alpha=\dfrac{2\sqrt{5}}{5}$，$\cos\beta=$

$\dfrac{3\sqrt{10}}{10}$，则 $\cos(\alpha+\beta)=\dfrac{2\sqrt{5}}{5}\times\dfrac{3\sqrt{10}}{10}-\dfrac{\sqrt{5}}{5}\times\dfrac{\sqrt{10}}{10}=\dfrac{\sqrt{2}}{2}$，由 α，β 均为锐角即

$\alpha+\beta\in(0，\pi)$，又 $\sin\alpha=\dfrac{\sqrt{5}}{5}<\dfrac{1}{2}$，$\alpha<30°$，$\sin\beta=\dfrac{\sqrt{10}}{10}<\dfrac{1}{2}$，$\beta<30°$，且 α，

β 均为锐角知解析：故 $\alpha+\beta=\dfrac{\pi}{4}$.

> **知识归类点拨：** 根据已知条件确定角的大小，一定要转化为确定该角的某个三角函数值，再根据此三角函数值确定角。这是求角的固定步骤。在这里要注意两点：一就是要结合角的范围选择合适的三角函数名称，同时要注意尽量用已知角表示待求角，这就需要一定的角的变换技巧，如：$2\alpha=(\alpha+\beta)+(\alpha-\beta)$ 等。二是依据三角函数值求角时要注意确定角的范围的技巧。

练26：（1）在 $\triangle ABC$ 中，已知 $\sin A=\dfrac{3}{5}$，$\cos B=\dfrac{5}{13}$，求三角形的内角 C 的大小。

答案：$\arccos\dfrac{16}{65}$（提示确定已知角的余弦值，并结合已知条件确定角 A 的范围）

（2）已知 $\cos\left(\alpha+\dfrac{\pi}{4}\right)=\dfrac{3}{5}$，$\dfrac{\pi}{2}\leqslant\alpha\leqslant\dfrac{3\pi}{2}$，求 $\cos\left(2\alpha+\dfrac{\pi}{4}\right)$ 的值。

答案：$\cos\left(2\alpha+\dfrac{\pi}{4}\right)=\cos\left[2\left(\alpha+\dfrac{\pi}{4}\right)-\dfrac{\pi}{4}\right]=-\dfrac{31\sqrt{2}}{50}$

（3）已知 $\triangle ABC$ 内角 A，B，C 的对边分别为 a，b，c，若 $a^2+2\,(b^2-$

$2c^2$）$\cos A = b^2 + c^2$，$a = 2c$，则 $\triangle ABC$ 的形状是（　　）

A. 等腰三角形　　　　　　B. 等边三角形

C. 等腰直角三角形　　　　D. 等腰三角形或直角三角形

解析：$\because a^2 + 2$（$b^2 - 2c^2$）$\cos A = b^2 + c^2$，

$\therefore 2$（$b^2 - 2c^2$）$\cos A = b^2 + c^2 - a^2$，

由余弦定理可得，2（$b^2 - 2c^2$）$\cos A = 2bc\cos A$.

① 当 $\cos A = 0$ 时，$A = \dfrac{\pi}{2}$，$\triangle ABC$ 为直角三角形；

② 当 $\cos A \neq 0$ 时，可得 2（$b^2 - 2c^2$）$= 2bc$，即 $b^2 - bc - 2c^2 = 0 \Rightarrow$（$b + c$）（$b - 2c$）$= 0$，

由于 b，$c > 0$，故 $b = 2c = a$，$\triangle ABC$ 为等腰三角形；

③ 由于 $b = 2c = a$ 与 $A = \dfrac{\pi}{2}$ 不可能同时成立，

故 $\triangle ABC$ 不可能是等腰直角三角形。

综上所述，$\triangle ABC$ 为等腰三角形或直角三角形，但不可能是等腰直角三角形。

故选：D.

易错点：学生容易漏掉 $\cos A = 0$.

易错点 27：对正弦型函数 $y = A\sin$（$\omega x + \phi$）及余弦型函数 $y = A\cos$（$\omega x + \phi$）的性质：如图像、对称轴，对称中心，易遗忘或没有深刻理解其意义。

例 27：如果函数 $y = \sin 2x + a\cos 2x$ 的图像关于直线 $x = -\dfrac{\pi}{8}$ 对称，那么 a 等于（　　）

A. $\sqrt{2}$　　　　B. $-\sqrt{2}$　　　　C. 1　　　　D. -1

易错点分析：函数 $y = A\sin$（$\omega x + \phi$）的对称轴一定经过图像的波峰顶或波谷底，且与 y 轴平行，而对称中心是图像与 x 轴的交点，学生对函数的对

称性不理解误认为当 $x = -\dfrac{\pi}{8}$ 时，$y = 0$，导致解答出错。

解析：

解法一：函数的解析式可化为 $y = \sqrt{a^2 + 1}\sin(2x + \phi)$，故 $|y|$ 的最大值为 $\sqrt{a^2 + 1}$，依题意，直线 $x = -\dfrac{\pi}{8}$ 是函数的对称轴，则它通过函数的最大值或最小值点即 $\left|\sin\left(-\dfrac{\pi}{4}\right) + a\cos\left(-\dfrac{\pi}{4}\right)\right| = \sqrt{a^2 + 1}$，解得 $a = -1$. 故选 D.

解法二：依题意，函数为 $y = \sqrt{a^2 + 1}\sin(2x + \arctan\alpha)$，直线 $x = -\dfrac{\pi}{8}$ 是函数的对称轴，故有 $2 \times \left(-\dfrac{\pi}{8}\right) + \arctan\alpha = k\pi + \dfrac{\pi}{2}$，$k \in \mathbf{Z}$，即：$\arctan\alpha = k\pi + \dfrac{3\pi}{4}$，而 $\arctan\alpha \in \left(-\dfrac{\pi}{2}, \dfrac{\pi}{2}\right)$，故 $\arctan\alpha = -\dfrac{\pi}{4}$，从而 $a = -1$. 故选 D.

解法三：若函数关于直线 $x = -\dfrac{\pi}{8}$ 是函数的对称则必有 $f(0) = f\left(-\dfrac{\pi}{4}\right)$，代入即得 $a = -1$.

知识归类点拨：对于正弦型函数 $y = A\sin(\omega x + \phi)$ 及余弦型函数 $y = A\cos(\omega x + \phi)$，它们有无穷多条对称轴及无数多个对称中心。它们的意义是分别使得函数取得最值的 x 值和使得函数值为零的 x 值，这是它们的几何和代数特征。希望同学们认真学习本题的三种解法并根据具体问题的不同而灵活处理。

练27：（1）已知函数 $f(x) = \sin(\omega x + \varphi)$（$\omega > 0$，$0 \leqslant \varphi \leqslant \pi$）是 $\mathbf{R}$ 上的偶函数，其图像关于点 $M\left(\dfrac{3\pi}{4}, 0\right)$ 对称，且在区间 $\left[0, \dfrac{\pi}{2}\right]$ 上是单调函数，求 φ 和 ω 的值。

答案：$\varphi = \dfrac{\pi}{2}$，$\omega = \dfrac{2}{3}$ 或 2.

（2）设函数 $f(x) = \sin(2x+\phi)$ $(-\pi < \phi < 0)$，$y = f(x)$ 图像的一条对称轴是直线 $x = \dfrac{\pi}{8}$，求 ϕ 的值。

答案：$\phi = -\dfrac{3\pi}{4}$.

易错点 28：利用正弦定理解三角形时，若已知三角形的两边及其一边的对角解三角形时，易忽视三角形解的个数。

例 28：在 $\triangle ABC$ 中，$B = 30°$，$AB = 2\sqrt{3}$，$AC = 2$，求 $\triangle ABC$ 的面积。

易错点分析：根据三角形面积公式，只需利用正弦定理确定三角形的内角 C，则相应的三角形内角 A 即可确定，再利用 $S_{\triangle} = \dfrac{1}{2}bc\sin A$ 即可求得。但由于正弦函数在区间 $(0, \pi)$ 内不严格单调，所以满足条件的角可能不唯一，这时要借助已知条件加以检验，务必做到不漏解，不多解。

解析：根据正弦定理知：$\dfrac{AB}{\sin C} = \dfrac{AC}{\sin B}$ 即 $\dfrac{2\sqrt{3}}{\sin C} = \dfrac{2}{\sin 30°}$ 得 $\sin C = \dfrac{\sqrt{3}}{2}$，由于 $AB\sin 30° < AC < AB$ 即满足条件的三角形有两个，故 $C = 60°$ 或 $120°$. 则 $A = 30°$ 或 $90°$，故相应的三角形面积为 $S = \dfrac{1}{2} \times 2\sqrt{3} \times 2 \times \sin 30° = \sqrt{3}$ 或 $\dfrac{1}{2} \times 2\sqrt{3} \times 2 = 2\sqrt{3}$.

知识归类点拨：正弦定理和余弦定理是解三角形的两个重要工具，它沟通了三角形中的边角之间的内在联系。正弦定理能够解决两类问题：（1）已知两角及其一边，求其他的边和角。这时有且只有一解。（2）已知两边和其中一边的对角，求其他的边和角。这时由于正弦函数在区间 $(0, \pi)$ 内不严格单调，此时三角形解的情况可能是无解、一解、两解，可通过几何法来判断三角形解的个数。如：在 $\triangle ABC$ 中，已知两边 a，b 和角 A 解的情况如下（见下表所示）：

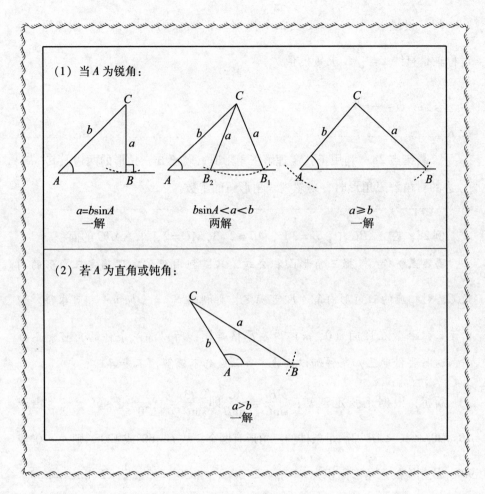

(1) 当 A 为锐角：

$a=b\sin A$
一解

$b\sin A < a < b$
两解

$a \geqslant b$
一解

(2) 若 A 为直角或钝角：

$a > b$
一解

练28：（2001 全国）（1）如果满足 $\angle ABC = 60°$，$AC = 2$，$BC = k$ 的三角形恰有一个，那么 k 的取值范围是（   ）

A. $8\sqrt{3}$ 　　　　　　　　　B. $0 < k \leqslant 12$

C. $k \geqslant 12$ 　　　　　　　　D. $0 < k \leqslant 12$ 或 $k = 8\sqrt{3}$

答案：D.

（2）在 $\triangle ABC$ 中，$\angle A$，$\angle B$，$\angle C$ 所对的边分别为 a，b，c，且 $a = 1$，$c = \sqrt{3}$.

① 若 $C = \dfrac{\pi}{3}$，求 A；② 若 $A = \dfrac{\pi}{6}$，求 b.

易错点分析：由题意得 $\sin C=\dfrac{\sqrt{3}}{2}$，学生易漏解。

解析：①由正弦定理得 $\dfrac{a}{\sin A}=\dfrac{c}{\sin C}$，即 $\sin A=\dfrac{a\sin C}{c}=\dfrac{1}{2}$.

又 $a<c$,

$\therefore A<C$,

$\therefore 0<A<\dfrac{\pi}{3}$,

$\therefore A=\dfrac{\pi}{6}$.

②由 $\dfrac{a}{\sin A}=\dfrac{c}{\sin C}$，得 $\sin C=\dfrac{c\sin A}{a}=\dfrac{\sqrt{3}\cdot\sin\dfrac{\pi}{6}}{1}=\dfrac{\sqrt{3}}{2}$,

$\therefore C=\dfrac{\pi}{3}$ 或 $\dfrac{2\pi}{3}$.

当 $C=\dfrac{\pi}{3}$ 时，$B=\dfrac{\pi}{2}$,

$\therefore b=2$；当 $C=\dfrac{2\pi}{3}$ 时，$B=\dfrac{\pi}{6}$,

$\therefore b=1$.

综上所述，$b=2$ 或 $b=1$.

易错点 29：三角形中的三角函数问题，对三角变换同三角形边角之间知识相结合的综合应用程度不够。

例 29：（1）已知在 $\triangle ABC$ 中，$\sin A(\sin B+\cos B)-\sin C=0$，$\sin B+\cos 2C=0$，求 $\angle A$，$\angle B$，$\angle C$ 的大小。

易错点分析：本题在解答过程中若忽视三角形中三内角的联系及三角形各内角大小范围的限制，易使思维受阻或解答出现增解现象。

解法一：由 $\sin A(\sin B+\cos B)-\sin C=0$ 得 $\sin A\sin B+\sin A\cos B-\sin(A+B)=0$.

所以 $\sin A\sin B + \sin A\cos B - \sin A\cos B - \cos A\sin B = 0$. 即 $\sin B\left(\sin A - \cos A\right) = 0$.

因为 $B\in\left(0,\ \pi\right)$ 所以 $\sin B\neq 0$, 从而 $\cos A = \sin A$. 由 $A\in\left(0,\ \pi\right)$, 知 $A = \dfrac{\pi}{4}$, 从而 $B + C = \dfrac{3}{4}\pi$. 由 $\sin B + \cos 2C = 0$ 得 $\sin B + \cos 2\left(\dfrac{3}{4}\pi - B\right) = 0$. 即 $\sin B - \sin 2B = 0$. 亦即 $\sin B - 2\sin B\cos B = 0$. 由此得 $\cos B = \dfrac{1}{2}$, $B = \dfrac{\pi}{3}$, $C = \dfrac{5\pi}{12}$.

所以 $A = \dfrac{\pi}{4}$, $B = \dfrac{\pi}{3}$, $C = \dfrac{5\pi}{12}$.

解法二：由 $\sin B + \cos 2C = 0$ 得 $\sin B = -\cos 2C = \sin\left(\dfrac{3\pi}{2} - 2C\right)$. 由 $0 < B,\ C < \pi$, 所以 $B = \dfrac{3\pi}{2} - 2C$ 或 $B = 2C - \dfrac{\pi}{2}$. 即 $B + 2C = \dfrac{3\pi}{2}$ 或 $2C - B = \dfrac{\pi}{2}$. 由 $\sin A\left(\sin B + \cos B\right) - \sin C = 0$ 得 $\sin A\sin B + \sin A\cos B - \sin\left(A + B\right) = 0$.

所以 $\sin A\sin B + \sin A\cos B - \sin A\cos B - \cos A\sin B = 0$. 即 $\sin B\left(\sin A - \cos A\right) = 0$. 因为 $\sin B\neq 0$, 所以 $\cos A = \sin A$. 由 $A\in\left(0,\ \pi\right)$, 知 $A = \dfrac{\pi}{4}$. 从而 $B + C = \dfrac{3}{4}\pi$, 知 $B + 2C = \dfrac{3\pi}{2}$ 不合要求。再由 $2C - B = \dfrac{1}{2}\pi$, 得 $B = \dfrac{\pi}{3}$, $C = \dfrac{5\pi}{12}$. 所以 $A = \dfrac{\pi}{4}$, $B = \dfrac{\pi}{3}$, $C = \dfrac{5\pi}{12}$.

(2) 在 $\triangle ABC$ 中, a, b, c 分别是 $\angle A$, $\angle B$, $\angle C$ 的对边, 且 $\dfrac{\cos B}{\cos C} = \dfrac{b}{2a + c}$.

① 求 $\angle B$ 的大小。

② 若 $b = \sqrt{13}$, $a + c = 4$, 求 $\triangle ABC$ 的面积。

易错点分析：根据正弦定理和余弦定理将条件化为三角形边的关系或角的关系解答。

① 解法一：由正弦定理 $\dfrac{a}{\sin A} = \dfrac{b}{\sin B} = \dfrac{c}{\sin C} = 2R$ 得 $a = 2R\sin A$, $b = 2R\sin B$,

$c = 2R \sin C.$ 将上式代入已知 $\dfrac{\cos B}{\cos C} = -\dfrac{b}{2a + c}$ 得 $\dfrac{\cos B}{\cos C} = -\dfrac{\sin B}{2\sin A + \sin C}.$ 即 $2\sin A +$

$\cos B + \sin C \cos B + \cos C \sin B = 0.$ $2\sin A \cos B + \sin (B + C) = 0.$

$\because A + B + C = \pi,$

$\therefore \sin (B + C) = \sin A.$

$\therefore 2\sin A \cos B + \sin A = 0.$

$\because \sin A \neq 0,$

$\therefore \cos B = -\dfrac{1}{2}.$

$\because B$ 为三角形的内角,

$\therefore B = \dfrac{2\pi}{3}.$

解法二:由余弦定理得 $\cos B = \dfrac{a^2 + c^2 - b^2}{2ac},$ $\cos C = \dfrac{b^2 + c^2 - a^2}{2bc}$ 将上式代入

$\dfrac{\cos B}{\cos C} = -\dfrac{b}{2a + c}$ 得 $\dfrac{a^2 + c^2 - b^2}{2ac} \times \dfrac{2ab}{a^2 + b^2 - c^2} = -\dfrac{b}{2a + c}.$ 整理得 $a^2 + c^2 - b^2 = -ac.$

$\therefore \cos B = \dfrac{a^2 + c^2 - b^2}{2ac} = \dfrac{-ac}{2ac} = -\dfrac{1}{2}.$

$\therefore B$ 为三角形的内角。

$\therefore B = \dfrac{2}{3}\pi.$

② 将 $b = \sqrt{13},$ $a + c = 4,$ $B = \dfrac{2}{3}\pi$ 代入余弦定理 $b^2 = a^2 + c^2 - 2ac\cos B$ 得

$b^2 = (a + c)^2 - 2ac - 2ac\cos B,$

$\therefore 13 = 16 - 2ac\left(1 - \dfrac{1}{2}\right).$

$\therefore ac = 3.$

$\therefore S_{\triangle ABC} = \dfrac{1}{2}ac\sin B = \dfrac{3}{4}\sqrt{3}.$

> **知识归类点拨**：三角形中的三角函数问题一直是高考的热点内容之一。对正余弦定理的考查主要涉及三角形的边角互化（如判断三角形的形状等，利用正余弦定理将条件中含有的边和角的关系转化为边或角的关系是解三角形的常规思路），三角形内的三角函数求值、三角恒等式的证明、三角形外接圆的半径等都体现了三角函数知识与三角形知识的交融，体现了高考命题的原则。

练29：（1）在 $\triangle ABC$ 中，a，b，c 分别是 $\angle A$，$\angle B$，$\angle C$ 的对边长，已知 a，b，c 成等比数列，且 $a^2 - c^2 = ac - bc$，求 $\angle A$ 的大小及 $\dfrac{b\sin B}{c}$ 的值。

答案：$\angle A = 60°$，$\dfrac{b\sin B}{c} = \dfrac{\sqrt{3}}{2}$.

（2）（2005 天津）在 $\triangle ABC$ 中，$\angle A$，$\angle B$，$\angle C$ 所对的边长分别为 a，b，c，设 a，b，c 满足条件 $b^2 + c^2 - bc = a^2$ 和 $\dfrac{c}{b} = \dfrac{1}{2} + \sqrt{3}$. 求 $\angle A$ 和 $\tan B$ 的值。

答案：$\angle A = 60°$，$\tan B = \dfrac{1}{2}$.

（3）已知 $\triangle ABC$ 的外接圆半径为 2，内切圆半径为 1，$AB = 2\sqrt{3}$，则 $\triangle ABC$ 的面积为（　　　）

A. $3\sqrt{3}$ 　　　　 B. $\dfrac{7\sqrt{3}}{3}$ 　　　　 C. 4 或 $\dfrac{7\sqrt{3}}{3}$ 　　 D. $3\sqrt{3}$ 或 $\dfrac{7\sqrt{3}}{3}$

解析：由三角形与外接圆的公式，可得 $\dfrac{AB}{\sin C} = 2R$，R 为外接圆半径，

∵ $R = 2$，$AB = 2\sqrt{3}$，

∴ $\sin C = \dfrac{\sqrt{3}}{2}$.

设内切圆半径为 r，即 $r = 1$，

则 $S_{\triangle ABC} = \dfrac{1}{2}(a+b+c) \times r = \dfrac{1}{2}ab\sin C$,

$\therefore \dfrac{1}{2} \times (a+b+2\sqrt{3}) \times 1 = \dfrac{1}{2}ab \times \dfrac{\sqrt{3}}{2}$,

$\therefore a+b+2\sqrt{3} = \dfrac{\sqrt{3}}{2}ab$, ①

在 $\triangle ABC$ 中，运用余弦定理，$\cos C = \dfrac{a^2+b^2-c^2}{2ab} = \dfrac{a^2+b^2-12}{2ab} = \pm\dfrac{1}{2}$,

$\therefore a^2+b^2-12 = \pm ab$, ②

联立①②，解得 $ab = 12$ 或 $ab = \dfrac{28}{3}$,

当 $ab = 12$ 时,

$S_{\triangle ABC} = \dfrac{1}{2}ab\sin C = \dfrac{1}{2} \times 12 \times \dfrac{\sqrt{3}}{2} = 3\sqrt{3}$,

当 $ab = \dfrac{28}{3}$ 时，$S_{\triangle ABC} = \dfrac{1}{2}ab\sin C = \dfrac{1}{2} \times \dfrac{28}{3} \times \dfrac{\sqrt{3}}{2}$，代入①②式无解。

故选：A.

易错点分析：求出来不验证，容易错选 D.

（4）$\triangle ABC$ 的内角 A，B，C 的对边分别为 a，b，c. 若 $\angle A$，$\angle B$，$\angle C$

成等差数列，且 $b = \dfrac{\sqrt{3}}{2}$.

① 求 $\triangle ABC$ 的外接圆直径；

② 求 $a+c$ 的取值范围。

易错点分析：学生用下文方法一不易错，但用方法二"余弦定理" +

"基本不等式"，易漏掉构成三角形的条件（两边之和大于第三边），从而得

出错误答案。

解析：① 因为 $\angle A$，$\angle B$，$\angle C$ 成等差数列，所以 $2B = A+C$，

又因为 $A+B+C = \pi$，所以 $B = \dfrac{\pi}{3}$.

根据正弦定理得，$\triangle ABC$ 的外接圆直径

$$2R = \frac{b}{\sin B} = \frac{\frac{\sqrt{3}}{2}}{\sin \frac{\pi}{3}} = 1.$$

② 方法一：由 $B = \frac{\pi}{3}$，知 $A + C = \frac{2\pi}{3}$，可得 $0 < A < \frac{2\pi}{3}$，

由①知 $\triangle ABC$ 的外接圆直径为 1，根据正弦定理得，

$$\frac{a}{\sin A} = \frac{b}{\sin B} = \frac{c}{\sin C} = 1,$$

所以 $a + c = \sin A + \sin C = \sin A + \sin\left(\frac{2\pi}{3} - A\right)$

$$= \sqrt{3}\left(\frac{\sqrt{3}}{2}\sin A + \frac{1}{2}\cos A\right) = \sqrt{3}\sin\left(A + \frac{\pi}{6}\right).$$

因为 $0 < A < \frac{2\pi}{3}$，所以 $\frac{\pi}{6} < A + \frac{\pi}{6} < \frac{5\pi}{6}$.

所以 $\frac{1}{2} < \sin\left(A + \frac{\pi}{6}\right) \leqslant 1$，

从而 $\frac{\sqrt{3}}{2} < \sqrt{3}\sin\left(A + \frac{\pi}{6}\right) \leqslant \sqrt{3}$，

所以 $a + c$ 的取值范围是 $\left(\frac{\sqrt{3}}{2}, \sqrt{3}\right]$.

方法二：由（1）知，$B = \frac{\pi}{3}$，

$b^2 = a^2 + c^2 - 2ac\cos B = (a + c)^2 - 3ac \geqslant (a + c)^2 - 3\left(\frac{a + c}{2}\right)^2 = \frac{1}{4}(a +$

$c)^2$（当且仅当 $a = c$ 时，取等号），

因为 $b = \frac{\sqrt{3}}{2}$，所以 $(a + c)^2 \leqslant 3$，即 $a + c \leqslant \sqrt{3}$，

又三角形两边之和大于第三边，所以 $\frac{\sqrt{3}}{2} < a + c \leqslant \sqrt{3}$，

所以 $a + c$ 的取值范围是 $\left(\frac{\sqrt{3}}{2}, \sqrt{3}\right]$.

易错点 30：三角形中的三角函数问题，对三角变换同三角形边角之间知识相结合的综合应用程度不够。

例 30：①在 $\triangle ABC$ 中，若 $A=\dfrac{\pi}{3}$，则 B 的取值范围是_____

②在锐角三角形 ABC 中，若 $A=\dfrac{\pi}{3}$，则 B 的取值范围是_____

易错点分析：注意正确判断三角形中角的范围，锐角三角形每一个角都必须为锐角。

解析：① $\left(0,\dfrac{2\pi}{3}\right)$；② $\begin{cases} A=\dfrac{\pi}{3} \\ 0<B<\dfrac{\pi}{2} \\ 0<\dfrac{2\pi}{3}-B<\dfrac{\pi}{2} \end{cases}$ 解得 $B\in\left(\dfrac{\pi}{6},\dfrac{\pi}{2}\right)$

练 30：（1）若 $\sin 2A=\sin 2B$，则三角形的形状为_____

易错点分析：忽略了三角形中的双解问题。

解析：由题知：$2A=2B$ 或 $2A+2B=\pi$，故三角形的形状为等腰或者直角三角形。

（2）在① $a\sin C=c\cos\left(A-\dfrac{\pi}{6}\right)$；② $\sqrt{3}\sin\dfrac{B+C}{2}=\sin A$；③ $\cos 2A+3\cos A=1$。

这三个条件中任选一个，补充在下面问题中，若问题中的 $\triangle ABC$ 存在，求出其面积；若不存在，说明理由。

问题：是否存在 $\triangle ABC$，它的 $\angle A$，$\angle B$，$\angle C$ 所对的边分别为 a，b，c，且 $a=2\sqrt{3}$，$b+c=4\sqrt{3}$，_____？

解析：若选择条件①，$a\sin C=c\cos\left(A-\dfrac{\pi}{6}\right)$，

由正弦定理可得 $\sin A\sin C=\sin C\cos\left(A-\dfrac{\pi}{6}\right)$，

由于 $\sin C \neq 0$，可得 $\sin A = \cos\left(A - \dfrac{\pi}{6}\right) = \dfrac{\sqrt{3}}{2}\cos A + \dfrac{1}{2}\sin A$，化简可得 $\dfrac{1}{2}\sin A$

$= \dfrac{\sqrt{3}}{2}\cos A$，即 $\tan A = \sqrt{3}$，因为 $A \in (0, \pi)$，可得 $A = \dfrac{\pi}{3}$，

由余弦定理 $a^2 = b^2 + c^2 - bc = (b+c)^2 - 3bc$，解得 $bc = 12$，从而解得 $b = c = 2\sqrt{3}$，

所以 $S_{\triangle ABC} = \dfrac{1}{2}bc\sin A = 3\sqrt{3}$.

若选择条件②，因为 $\sqrt{3}\sin\dfrac{B+C}{2} = \sin A$，即 $\sqrt{3}\cos\dfrac{A}{2} = \sin A$，

利用二倍角的正弦公式可得：$\sqrt{3}\cos\dfrac{A}{2} = 2\sin\dfrac{A}{2}\cos\dfrac{A}{2}$，

由于 $\cos\dfrac{A}{2} \neq 0$，可得 $\sin\dfrac{A}{2} = \dfrac{\sqrt{3}}{2}$，

因为 $A \in (0, \pi)$，可得 $\dfrac{A}{2} = \dfrac{\pi}{3}$，即 $A = \dfrac{2\pi}{3}$，

由余弦定理 $a^2 = b^2 + c^2 + bc = (b+c)^2 - bc$，解得 $bc = 36$，

由 $\begin{cases} b+c = 4\sqrt{3} \\ bc = 36 \end{cases}$，可得 $b^2 - 4\sqrt{3}b + 36 = 0$，由 $\Delta < 0$，可得方程组无解，即

不存在满足条件的 $\triangle ABC$.

若选择条件③，因为 $\cos 2A + 3\cos A = 1$，

所以 $2\cos^2 A + 3\cos A - 2 = 0$，解得 $\cos A = \dfrac{1}{2}$ 或 -2（舍去），

因为 $A \in (0, \pi)$，可得 $A = \dfrac{\pi}{3}$，

由余弦定理 $a^2 = b^2 + c^2 - bc = (b+c)^2 - 3bc$，解得 $bc = 12$，从而 $b = c = 2\sqrt{3}$，

所以 $S_{\triangle ABC} = \dfrac{1}{2}bc\sin A = 3\sqrt{3}$.

易错点分析：选择后未验证 b，c 是否存在。导致扣分。

第四节　平面向量

易错或易混淆概念：

32. 两向量平行或共线的条件，它们的两种形式表示，你还记得吗？注意 $\vec{a} = \lambda \vec{b}$ 是向量平行的充分不必要条件。（定义及坐标表示）

33. 向量可以解决有关夹角、距离、平行和垂直等问题，要记住以下公式：$|\vec{a}|^2 = \vec{a} \cdot \vec{a}$，$\cos\theta = \dfrac{\vec{a} \cdot \vec{b}}{|\vec{a}||\vec{b}|} = \dfrac{x_1 x_2 + y_1 y_2}{\sqrt{x_1{}^2 + y_1{}^2}\sqrt{x_2{}^2 + y_2{}^2}}$.

34. 利用向量平行或垂直来解决解析几何中的平行和垂直问题可以不用讨论斜率不存在的情况。要注意 $\vec{a} \cdot \vec{b} < 0$ 是向量 $\vec{a}$ 和向量 $\vec{b}$ 夹角为钝角的必要而非充分条件。

35. 向量的运算要和实数运算有区别：如两边不能约去一个向量，向量的乘法不满足结合律，即 $\vec{a}(\vec{b} \cdot \vec{c}) \neq (\vec{a} \cdot \vec{b})\vec{c}$，切记两向量不能相除。

36. 你还记得向量基本定理的几何意义吗？它的实质就是平面内的任何向量都可以用平面内任意不共线的两个向量线性表示。它的系数的含义与求法，你清楚吗？

37. 一个封闭图形首尾连接而成的向量和为零向量，这是题目中的天然条件，要注意运用。对于一个向量等式，可以移项，两边平方，两边同乘以一个实数，两边同时取模，两边同乘以一个向量，但不能两边同除以一个向量。

38. 向量的直角坐标运算：

设 $\vec{a} = (a_1, a_2, a_3), \vec{b} = (b_1, b_2, b_3)$ ，则

$\vec{a} + \vec{b} = (a_1 + b_1, a_2 + b_2, a_3 + b_3)$

$\vec{a} - \vec{b} = (a_1 - b_1, a_2 - b_2, a_3 - b_3)$

$\lambda \vec{a} = (\lambda a_1, \lambda a_2, \lambda a_3)(\lambda \in \mathbf{R})$

$\vec{a} \cdot \vec{b} = a_1 b_1 + a_2 b_2 + a_3 b_3$

$|\vec{a}| = \sqrt{\vec{a} \cdot \vec{a}} = \sqrt{a_1^2 + a_2^2 + a_3^2}$

$\cos < \vec{a}, \vec{b} > = \dfrac{a_1 b_1 + a_2 b_2 + a_3 b_3}{\sqrt{a_1^2 + a_2^2 + a_3^2} \sqrt{b_1^2 + b_2^2 + b_3^2}}$

$\vec{a} // \vec{b} \Leftrightarrow a_1 = \lambda b_1, a_2 = \lambda b_2, a_3 = \lambda b_3, (\lambda \in \mathbf{R})$

$\vec{a} \perp \vec{b} \Leftrightarrow a_1 b_1 + a_2 b_2 + a_3 b_3 = 0$

设 $A = (x_1, y_1, z_1)$ ， $B = (x_2, y_2, z_2)$ ，

则 $\overrightarrow{AB} = \overrightarrow{OB} - \overrightarrow{OA} = (x_2, y_2, z_2) - (x_1, y_1, z_1) = (x_2 - x_1, y_2 - y_1, z_2 - z_1)$

$|\overrightarrow{AB}| = \sqrt{\overrightarrow{AB} \cdot \overrightarrow{AB}} + \sqrt{(x_2 - x_1)^2 + (y_2 - y_1)^2 + (z_2 - z_1)^2}$

易错点 31：涉及向量的有关概念，运算律的理解与应用。易产生概念性错误。

例 31：下列命题。

① $(\vec{a})^2 \cdot (\vec{a})^2 = |\vec{a}|^4$ ；② $(\vec{a} \cdot \vec{b}) \cdot \vec{c} = (\vec{a} \cdot \vec{c}) \cdot \vec{b}$ ；③ $|\vec{a} \cdot \vec{b}| = |\vec{a}| \cdot |\vec{b}|$ ；④若 $\vec{a} // \vec{b}$, $\vec{b} // \vec{c}$, 则 $\vec{a} // \vec{c}$ ；⑤ $\vec{a} // \vec{b}$, 则存在唯一实数 λ , 使 $\vec{b} = \lambda \vec{a}$ ；⑥若 $\vec{a} \cdot \vec{c} = \vec{b} \cdot \vec{c}$, 且 $\vec{c} \neq \vec{0}$, 则 $\vec{a} = \vec{b}$ ；⑦设 $\vec{e_1}$, $\vec{e_2}$ 是平面内两向量，则对于平面内任何一向量 $\vec{a}$, 都存在唯一一组实数 x , y , 使 $\vec{a} = x \vec{e_1} + y \vec{e_2}$ 成立；⑧若 $|\vec{a} + \vec{b}| = |\vec{a} - \vec{b}|$ 则 $\vec{a} \cdot \vec{b} = 0$ ；⑨ $\vec{a} \cdot \vec{b} = 0$, 则 $\vec{a} = \vec{0}$ 或 $\vec{b} = \vec{0}$ 真命题个数为（　　　）

A. 1　　　　　　B. 2　　　　　　C. 3　　　　　　D. 3 个以上

易错点分析：共线向量，向量的数乘，向量的数量积的定义及性质和运算法则等是向量一章中正确应用向量知识解决有关问题的前提。在这里学生极易将向量的运算与实数的运算等同起来，如认为向量的数量积的运算和实数一样满足交换律，产生一些错误的结论。

解析：①正确。根据向量模的计算 $\vec{\alpha} \cdot \vec{\alpha} = |\vec{\alpha}|^2$ 判断。②错误，向量的数量积的运算不满足交换律，这是因为根据数量积和数乘的定义 $(\vec{a} \cdot \vec{c}) \cdot \vec{b}$ 表示和向量 $\vec{b}$ 共线的向量，同理 $(\vec{a} \cdot \vec{b}) \cdot \vec{c}$ 表示和向量 $\vec{c}$ 共线的向量，显然向量 $\vec{b}$ 和向量 $\vec{c}$ 不一定是共线向量，故 $(\vec{a} \cdot \vec{b}) \cdot \vec{c} \neq (\vec{a} \cdot \vec{c}) \vec{b}$ 不一定成立。③错误。应为 $|\vec{a} \cdot \vec{b}| = |\vec{a}||\vec{b}||\cos\theta|$。④错误。注意零向量和任意向量平行。非零向量的平行性才具有传递性。⑤错误。应加条件"非零向量 $\vec{a}$"。⑥错误。向量不满足消去律。根据数量的几何意义，只需向量 $\vec{b}$ 和向量 $\vec{b}$ 在向量 $\vec{c}$ 方向的投影相等即可，作图易知满足条件的向量有无数多个。⑦错误。注意平面向量的基本定理的前提有向量 $\vec{e_1}$，$\vec{e_2}$ 是不共线的向量即一组基底。⑧正确。条件表示以两向量为邻边的平行四边形的对角线相等，即四边形为矩形。故 $\vec{a} \cdot \vec{b} = 0$。⑨错误。只需两向量垂直即可，答案：B.

知识归类点拨：在利用向量的有关概念及运算律判断或解题时，一定要明确概念或定理成立的前提条件和依据向量的运算律解答，要明确向量的运算和实数的运算的相同与不同之处。一般地，已知 $\vec{a}$，$\vec{b}$，$\vec{c}$ 和实数 λ，则向量的数量积满足下列运算律：① $\vec{a} \cdot \vec{b} = \vec{b} \cdot \vec{a}$（交换律）；② $(\lambda \vec{a}) \cdot \vec{b} = \lambda(\vec{a} \cdot \vec{b}) = \vec{a} \cdot (\lambda \vec{b})$（数乘结合律）；③ $(\vec{a} + \vec{b}) \cdot \vec{c} = \vec{a} \cdot \vec{c} + \vec{b} \cdot \vec{c}$（分配律）。说明：（1）一般地，$(\vec{a} \cdot \vec{b}) \vec{c} \neq \vec{a}(\vec{b} \cdot \vec{c})$；（2）$\vec{a} \cdot \vec{c} = \vec{b} \cdot \vec{c}$，$\vec{c} \neq 0 \Leftrightarrow \vec{a} = \vec{b}$；

(3) 有如下常用性质: $\vec{a}^2 = |\vec{a}|^2$, $(\vec{a}+\vec{b})(\vec{c}+\vec{d}) = \vec{a}\cdot\vec{c}+\vec{a}\cdot\vec{d}+\vec{b}\cdot\vec{c}+\vec{b}\cdot\vec{d}$, $(\vec{a}+\vec{b})^2 = \vec{a}^2+2\vec{a}\cdot\vec{b}+\vec{b}^2$.

练31: (1) 若 $\vec{a}$, $\vec{b}$, $\vec{c}$ 为任意向量, $m\in\mathbf{R}$, 则下列等式不一定成立的是 (   )

A. $(\vec{a}+\vec{b})+\vec{c} = \vec{a}+(\vec{b}+\vec{c})$

B. $(\vec{a}+\vec{b})\cdot\vec{c} = \vec{a}\cdot\vec{c}+\vec{b}\cdot\vec{c}$

C. $m(\vec{a}+\vec{b}) = m\vec{a}+m\vec{b}$

D. $(\vec{a}\cdot\vec{b})\vec{c} = \vec{a}(\vec{b}\cdot\vec{c})$

(2) (2000 江西, 山西, 天津理, 4) 设 a, b, c 是任意的非零平面向量, 且相互不共线, 则① $(\vec{a}\cdot\vec{b})\vec{c}-(\vec{c}\cdot\vec{a})\vec{b}=0$; ② $|\vec{a}|-|\vec{b}| < |\vec{a}-\vec{b}|$; ③ $(\vec{b}\cdot\vec{c})\vec{a}-(\vec{c}\cdot\vec{a})\vec{b}$ 不与 $\vec{c}$ 垂直; ④ $(3\vec{a}+2\vec{b})(3\vec{a}-2\vec{b})=9|\vec{a}|^2-4|\vec{b}|^2$ 中, 是真命题的有 (   )

A. ①②   B. ②③

C. ③④   D. ②④

答案: (1) D; (2) D.

(3) 已知 $\vec{a}=(2,1)$, $\vec{b}=(\lambda,1)$, $\lambda\in\mathbf{R}$, $\vec{a}$ 与 $\vec{b}$ 的夹角为 θ. 若 θ 为锐角, 则 λ 的取值范围是_____

解析: 因 θ 为锐角, 有 $0 < \cos\theta < 1$.

又 $\because \cos\theta = \dfrac{\vec{a}\cdot\vec{b}}{|\vec{a}|\cdot|\vec{b}|} = \dfrac{2\lambda+1}{\sqrt{5}\cdot\sqrt{\lambda^2+1}}$,

$\therefore 0 < \dfrac{2\lambda+1}{\sqrt{5}\cdot\sqrt{\lambda^2+1}} \neq 1$,

$\therefore \begin{cases} 2\lambda+1 > 0, \\ 2\lambda+1 \neq \sqrt{5}\cdot\sqrt{\lambda^2+1} \end{cases}$, 解得 $\begin{cases} \lambda > \dfrac{1}{2}, \\ \lambda \neq 2. \end{cases}$

$\therefore \lambda$ 的取值范围是 $\left\{ \lambda \mid \lambda > \dfrac{1}{2} \text{且} \lambda \neq 2 \right\}$.

易错点分析：学生看到向量夹角为锐角时，很容易想到向量的数量积大于 0，建立起不等式，进而得到错误答案。

易错点 32：利用向量的加法、减法、数量积等运算的几何意义解题时，数形结合的意识不够，忽视隐含条件。

例 32：在四边形 $ABCD$ 中，$\overrightarrow{AB} = \vec{a}$，$\overrightarrow{BC} = \vec{b}$，$\overrightarrow{CD} = \vec{c}$，$\overrightarrow{DA} = \vec{d}$，且 $\vec{a} \cdot \vec{b} = \vec{b} \cdot \vec{c} = \vec{c} \cdot \vec{d} = \vec{d} \cdot \vec{a}$，试问四边形 $ABCD$ 是什么图形？

易错点分析：四边形的形状由边角关系确定，关键是由题设条件演变，推算该四边形的边角量，易忽视如下两点：（1）在四边形中，$\overrightarrow{AB}$，$\overrightarrow{BC}$，$\overrightarrow{CD}$，$\overrightarrow{DA}$ 是顺次首尾相接向量，则其和向量是零向量，即 $\vec{a} + \vec{b} + \vec{c} + \vec{d} = 0$，应注意这一隐含条件应用；（2）由已知条件产生数量积的关键是构造数量积，因为数量积的定义式中含有边、角两种关系。

解析：四边形 $ABCD$ 是矩形。这是因为：一方面，由 $\vec{a} + \vec{b} + \vec{c} + \vec{d} = 0$ 得 $\vec{a} + \vec{b} = -(\vec{c} + \vec{d})$，即 $(\vec{a} + \vec{b})^2 = (\vec{c} + \vec{d})^2$ 即 $|\vec{a}|^2 + 2\vec{a} \cdot \vec{b} + |\vec{b}|^2 = |\vec{c}|^2 + 2\vec{c} \cdot \vec{d} + |\vec{d}|^2$，由于 $\vec{a} \cdot \vec{b} = \vec{c} \cdot \vec{d}$，

$\therefore |\vec{a}|^2 + |\vec{b}|^2 = |\vec{c}|^2 + |\vec{d}|^2$ ①

同理有 $|\vec{a}|^2 + |\vec{d}|^2 = |\vec{c}|^2 + |\vec{b}|^2$ ②

由①②可得 $|\vec{a}| = |\vec{c}|$，且 $|\vec{b}| = |\vec{d}|$，即四边形 $ABCD$ 两组对边分别相等。

$\therefore$ 四边形 $ABCD$ 是平行四边形。另一方面，由 $\vec{a} \cdot \vec{b} = \vec{b} \cdot \vec{c}$，有 $\vec{b}(\vec{a} - \vec{c}) = 0$，而由平行四边形 $ABCD$ 可得 $\vec{a} = -\vec{c}$，代入上式得 $\vec{b} \cdot (2\vec{a}) = 0$ 即 $\vec{a} \cdot \vec{b} = 0$，

$\therefore \vec{a} \perp \vec{b}$ 也即 $AB \perp BC$. 综上所述，四边形 $ABCD$ 是矩形。

知识归类点拨：向量是高考的一个亮点，因为向量知识与向量观点在数学、物理等学科的很多分支有着广泛的应用。而它具有代数形式和几何形式的"双重身份"，能融数形于一体，能与中学数学教学内容的许多主干知识综合，形成知识交会点，所以高考中应引起足够的重视。基于这一点，解决向量有关问题时要树立起数形结合、以形助数的解题思路。例如很多重要结论都可用这种思想直观得到一些有用的结论：（1）向量形式的平行四边形定理：$2(|\vec{a}|^2 + |\vec{b}|^2) = |\vec{a} - \vec{b}|^2 + |\vec{a} + \vec{b}|^2$；（2）向量形式的三角形不等式：$||\vec{a}| - |\vec{b}|| \leq |\vec{a} \pm \vec{b}| \leq |\vec{a}| + |\vec{b}|$（试问：取等号的条件是什么?）；(3) 在 $\triangle ABC$ 中，若点 P 满足 $\overrightarrow{AP} = \lambda\left(\dfrac{\overrightarrow{AB}}{|\overrightarrow{AB}|} + \dfrac{\overrightarrow{AC}}{|\overrightarrow{AC}|}\right)$ 则直线 AP 必经过 $\triangle ABC$ 的内心等。

练32：（1）O 是平面上一定点，A，B，C 是平面上不共线的三个点，动点 P 满足 $\overrightarrow{OP} = \overrightarrow{OA} + \lambda\left(\dfrac{\overrightarrow{AB}}{|\overrightarrow{AB}|} + \dfrac{\overrightarrow{AC}}{|\overrightarrow{AC}|}\right)$，$\lambda \in [0, +\infty)$ 则 P 的轨迹一定通过 $\triangle ABC$ 的（　　）

A. 外心　　　　B. 内心　　　　C. 重心　　　　D. 垂心

（2）点 O 是三角形 ABC 所在平面内的一点，满足 $\overrightarrow{OA} \cdot \overrightarrow{OB} = \overrightarrow{OB} \cdot \overrightarrow{OC} = \overrightarrow{OC} \cdot \overrightarrow{OA}$，则点 O 是 $\triangle ABC$ 的（　　）

A. 三个内角的角平分线的交点

B. 三条边的垂直平分线的交点

C. 三条中线的交点

D. 三条高的交点

（3）$\triangle ABC$ 的外接圆的圆心为 O，两条边上的高的交点为 H，$\overrightarrow{OH} = m$

$(\overrightarrow{OA} + \overrightarrow{OB} + \overrightarrow{OC})$，则实数 $m =$ _____

答案：（1）B；（2）D；（3）$m = 1$.

易错点 33：忽视向量积定义中对两向量夹角的定义。

例 33：已知 $\triangle ABC$ 中，$a = 5$，$b = 8$，$c = 7$，求 $\overrightarrow{BC} \cdot \overrightarrow{CA}$.

易错点分析：此题易错误认为两向量 $\overrightarrow{BC}$ 和 $\overrightarrow{CA}$ 夹角为 $\triangle ABC$ 的内角 C，导致错误答案。

解析：由条件 $a = 5$，$b = 8$，$c = 7$，根据余弦定理知三角形的内角 $C = 60°$，故两向量 $\overrightarrow{BC}$ 和 $\overrightarrow{CA}$ 夹角为 $C = 60°$ 的补角即 $\langle \overrightarrow{BC}, \overrightarrow{CA} \rangle = 120°$，故据数量积的定义知 $\overrightarrow{BC} \cdot \overrightarrow{CA} = 5 \times 8 \times \cos 120° = -20$.

知识归类点拨：高中阶段涉及角的概念不少，在学习过程中要明确它们的概念及取值范围。如直线的倾斜角的取值范围是 $[0°, 180°]$，两直线的夹角的范围是 $[0°, 90°]$，两向量的夹角的范围是 $[0°, 180°]$，异面直线所成的角的范围是 $(0°, 90°]$，直线和平面所成的角的范围是 $[0°, 90°]$，二面角的取值范围是 $[0°, 180°]$.

练 33：在 $\triangle ABC$ 中，有如下命题，其中正确的是（　　）

（1）$\overrightarrow{AB} - \overrightarrow{AC} = \overrightarrow{BC}$；（2）$\overrightarrow{AB} + \overrightarrow{BC} + \overrightarrow{CA} = 0$；（3）若 $(\overrightarrow{AB} + \overrightarrow{AC}) \times (\overrightarrow{AB} - \overrightarrow{AC}) = 0$，则 $\triangle ABC$ 为等腰三角形；（4）若 $\overrightarrow{AC} \cdot \overrightarrow{AB} > 0$，则 $\triangle ABC$ 为锐角三角形。

A.（1）（2）　　　　　　　B.（1）（4）

C.（2）（3）　　　　　　　D.（2）（3）（4）

答案：C.

易错点 34：向量数积的积性质的应用。

例34：已知 $\vec{a}$，$\vec{b}$ 都是非零向量，且 $\vec{a}+3\vec{b}$ 与 $7\vec{a}-5\vec{b}$ 垂直，$\vec{a}-4\vec{b}$ 与 $7\vec{a}-2\vec{b}$ 垂直，求 $\vec{a}$ 与 $\vec{b}$ 的夹角。

易错点分析：本题应依据两向量夹角公式树立整体求解的思想。

解析：由 $(\vec{a}+3\vec{b})(7\vec{a}-5\vec{b})=0 \Rightarrow 7\vec{a}^2+16\vec{a}\times\vec{b}-15\vec{b}^2=0$ ①

$(\vec{a}-4\vec{b})(7\vec{a}-2\vec{b})=0 \Rightarrow 7\vec{a}^2-30\vec{a}\times\vec{b}+8\vec{b}^2=0$ ②

两式相减：$2\vec{a}\times\vec{b}=\vec{b}^2$

代入①或②得：$\vec{a}^2=\vec{b}^2$ 设 $\vec{a}$，$\vec{b}$ 的夹角为 θ，

则 $\cos\theta = \dfrac{\vec{a}\cdot\vec{b}}{|\vec{a}||\vec{b}|} = \dfrac{\vec{b}^2}{2|\vec{b}|^2} = \dfrac{1}{2}$，

$\therefore \theta = 60°$.

知识归类点拨：利用向量的数量积的重要性质结合向量的坐标运算可解决涉及长度、角度、垂直等有关解析几何、立体几何与代数的问题，要熟记并灵活应用如下性质：设 $\vec{a}$ 与 $\vec{b}$ 都是非零向量，① $\vec{a}$ 与 $\vec{b}$ 的数量积的几何意义是向量 $\vec{a}$ 在向量 $\vec{b}$ 方向的单位向量正射影的数量；② $\vec{a}\perp\vec{b}\Leftrightarrow\vec{a}\cdot\vec{b}=0$；③ $\vec{a}\cdot\vec{a}=|\vec{a}|^2$ 或 $|\vec{a}|=\sqrt{\vec{a}\cdot\vec{a}}=\sqrt{\vec{a}^2}$；④ $\cos\theta = \dfrac{\vec{a}\cdot\vec{b}}{|\vec{a}|\cdot|\vec{b}|}$；⑤ $|\vec{a}\cdot\vec{b}| \leq |\vec{a}|\cdot|\vec{b}|$.

练34：（1）已知向量 $\vec{a}=(1,2)$，$\vec{b}(-2,-4)$，$|\vec{c}|=\sqrt{5}$，若 $(\vec{a}+\vec{b})\cdot\vec{c}=\dfrac{5}{2}$，则 $\vec{a}$ 与 $\vec{c}$ 的夹角为（　　　）

A. 30°   B. 60°

C. 120°   D. 150°

答案：C.

（2）（2005浙江卷）已知向量 $\vec{a}\neq\vec{e}$，$|\vec{e}|=1$，对任意 $t\in\mathbf{R}$，恒有 $|\vec{a}$

$-t\overrightarrow{e}| \geqslant |\overrightarrow{a}-\overrightarrow{e}|$，则（　　）

A. $\overrightarrow{a}\perp\overrightarrow{e}$

B. $\overrightarrow{a}\perp(\overrightarrow{a}-\overrightarrow{e})$

C. $\overrightarrow{e}\perp(\overrightarrow{a}-\overrightarrow{e})$

D. $(\overrightarrow{a}+\overrightarrow{e})\perp(\overrightarrow{a}-\overrightarrow{e})$

答案：C.

易错点 35：向量与三角函数求值、运算的相互应用。

例35：$\overrightarrow{a}=(1+coa\alpha,\ \sin\alpha)$，$\overrightarrow{b}=(1-\cos\beta,\ \sin\beta)$，$\overrightarrow{c}=(1,\ 0)$，$\alpha\in[0,\ \pi]$，$\beta\in(\pi,\ 2\pi)$，$\overrightarrow{a}$ 与 $\overrightarrow{c}$ 的夹角为 θ_1，$\overrightarrow{b}$ 与 $\overrightarrow{c}$ 的夹角为 θ_2，且 $\theta_1-\theta_2=\dfrac{\pi}{3}$，求 $\sin\dfrac{\alpha-\beta}{2}$ 的值。

易错点分析：此题在解答过程中，学生要将向量的夹角运算与三角变换结合起来，注意在用已知角表示两组向量的夹角的过程中，易忽视角的范围而导致错误结论。

解析：$\overrightarrow{a}=\left(2\cos^2\dfrac{\alpha}{2},\ 2\sin\dfrac{\alpha}{2}\cos\dfrac{\alpha}{2}\right)=2\cos\dfrac{\alpha}{2}\left(\cos\dfrac{\alpha}{2},\ \sin\dfrac{\alpha}{2}\right)$

$\therefore \overrightarrow{b}=\left(2\sin^2\dfrac{\beta}{2},\ 2\sin\dfrac{\beta}{2}\cos\dfrac{\beta}{2}\right)=2\sin\dfrac{\beta}{2}\left(\sin\dfrac{\beta}{2},\ \cos\dfrac{\beta}{2}\right).$

$\because \alpha\in(0,\ \pi)$，$\beta\in(\pi,\ 2\pi)$，

$\therefore \dfrac{\alpha}{2}\in\left(0,\ \dfrac{\pi}{2}\right)$，$\dfrac{\beta}{2}\in\left(0,\ \dfrac{\pi}{2}\right)$，故有 $|\overrightarrow{a}|=2\cos\dfrac{\alpha}{2}$ $|\overrightarrow{b}|=2\sin\dfrac{\beta}{2}$，

$\therefore \cos\theta_1=\dfrac{\overrightarrow{a}\cdot\overrightarrow{c}}{|\overrightarrow{a}|\cdot|\overrightarrow{c}|}=\dfrac{2\cos^2\dfrac{\alpha}{2}}{2\cos\dfrac{\alpha}{2}}=\cos\dfrac{\alpha}{2}$，

$\therefore \theta_1=\dfrac{\alpha}{2}$，

$\therefore \cos\theta_2=\dfrac{\overrightarrow{b}\cdot\overrightarrow{c}}{|\overrightarrow{b}|\cdot|\overrightarrow{c}|}=\dfrac{2\cos^2\dfrac{\beta}{2}}{2\cos\dfrac{\beta}{2}}=\sin\dfrac{\beta}{2}$，$0<\dfrac{\beta}{2}-\dfrac{\pi}{2}<\dfrac{\pi}{2}$，

$\therefore \theta_2 = \dfrac{\beta}{2} - \dfrac{\pi}{2}$，因 $\theta_1 - \theta_2 = \dfrac{\alpha}{2} - \dfrac{\beta}{2} + \dfrac{\pi}{2}$，

$\therefore \dfrac{\alpha - \beta}{2} = -\dfrac{\pi}{6}$，从而 $\sin \dfrac{\alpha - \beta}{2} = -\sin \dfrac{\pi}{6} = -\dfrac{1}{2}$.

知识归类点拨：当今高考数学命题注重知识的整体性和综合性，重视知识的交互性。向量是新课程新增内容，具有代数与几何形式的双重身份。它是新旧知识的一个重要的交互点，成为联系这些知识的桥梁，因此，向量与三角的交互是当今高考命题的必然之选。高考对三角的考查常常以向量知识为载体，结合向量的夹角、向量的垂直、向量的模或向量的运算，来考查学生综合运用知识解决问题的能力。

练 35：（1）已知向量 $\vec{a} = \left(2\cos \dfrac{x}{2}, \tan\left(\dfrac{x}{2} + \dfrac{\pi}{4}\right)\right)$，$\vec{b} = \left(\sqrt{2}\sin\left(\dfrac{x}{2} + \dfrac{\pi}{4}\right)\right.$，$\left.\tan\left(\dfrac{x}{2} + \dfrac{\pi}{4}\right)\right)$，令 $f(x) = \vec{a} \cdot \vec{b}$，是否存在实数 $x \in [0, \pi]$，使 $f(x) + f'$ $(x) = 0$（其中 $f'(x)$ 是 $f(x)$ 的导函数）？若存在，则求出 x 的值；若不存在，则证明之。

答案：存在实数 $x = \dfrac{\pi}{2}$ 使等式成立。

（2）已知向量 $\vec{m} = (\cos\theta, \sin\theta)$ 和 $\vec{n} = (\sqrt{2} - \sin\theta, \cos\theta)$，$\theta \in (\pi, 2\pi)$，且 $|\vec{m} + \vec{n}| = \dfrac{8\sqrt{2}}{5}$，求 $\cos\left(\dfrac{\theta}{2} + \dfrac{\pi}{8}\right)$ 的值。

答案：$-\dfrac{4}{5}$.

易错点 36：向量与解三角形的交互。

例 36：$\triangle ABC$ 内接于以 O 为圆心，1 为半径的圆，且 $3\overrightarrow{OA} + 4\overrightarrow{OB} + 5\overrightarrow{OC}$

$=\vec{0}$.

（1）求数量积，$\overrightarrow{OA}\cdot\overrightarrow{OB}$，$\overrightarrow{OB}\cdot\overrightarrow{OC}$，$\overrightarrow{OC}\cdot\overrightarrow{OA}$；

（2）求 $\triangle ABC$ 的面积。

易错点分析：第（1）问由题意可知 $3\overrightarrow{OA}$，$4\overrightarrow{OB}$，$5\overrightarrow{OC}$ 三向量的模，故根据数量积的定义及运算律将一向量移项平方即可。第（2）问据题意可将已知三角形分割成三个小三角形，利用正弦定理解答。

解析：（1）$\because|\overrightarrow{OA}|=|\overrightarrow{OB}|=|\overrightarrow{OC}|=1$，由 $3\overrightarrow{OA}+4\overrightarrow{OB}+5\overrightarrow{OC}=\vec{0}$ 得：$3\overrightarrow{OA}+4\overrightarrow{OB}=-5\overrightarrow{OC}$，两边平方得：$9\overrightarrow{OA}+24\overrightarrow{OA}\cdot\overrightarrow{OB}+16\overrightarrow{OB}^2=25\overrightarrow{OC}^2$

$\therefore\overrightarrow{OA}\cdot\overrightarrow{OB}=0$. 同理：由 $4\overrightarrow{OB}+5\overrightarrow{OC}=-3\overrightarrow{OA}$ 求得 $\overrightarrow{OB}\cdot\overrightarrow{OC}=-\dfrac{4}{5}$，由 $3\overrightarrow{OA}+5\overrightarrow{OC}=-4\overrightarrow{OB}$ 求得 $\overrightarrow{OA}\cdot\overrightarrow{OC}=-\dfrac{3}{5}$.

（2）由 $\overrightarrow{OA}\cdot\overrightarrow{OB}=0$，故 $S_{\triangle OAB}=\dfrac{1}{2}|\overrightarrow{OA}||\overrightarrow{OB}|=\dfrac{1}{2}$，由 $\overrightarrow{OB}\cdot\overrightarrow{OC}=-\dfrac{4}{5}$ 得 $\cos\angle BOC=-\dfrac{4}{5}$.

$\therefore\sin\angle BOC=\dfrac{3}{5}$.

$\therefore S_{\triangle OBC}=\dfrac{1}{2}|\overrightarrow{OB}||\overrightarrow{OC}|\sin\angle BOC=\dfrac{3}{10}$，由 $\overrightarrow{OC}\cdot\overrightarrow{OA}=-\dfrac{3}{5}$ 得 $\cos\angle COA=-\dfrac{3}{5}$.

$\therefore\sin\angle COA=\dfrac{4}{5}$.

$\therefore S_{\triangle OAC}=\dfrac{1}{2}|\overrightarrow{OC}||\overrightarrow{OA}|\sin\angle COA=\dfrac{2}{5}$，即 $S_{ABC}=S_{\triangle OAB}+S_{\triangle OAC}+S_{\triangle OBC}$

$=\dfrac{1}{2}+\dfrac{3}{10}+\dfrac{2}{5}=\dfrac{6}{5}$.

知识归类点拨：本题考查了向量的模、向量的数量积的运算，用于表达三角形的内角与面积。

练36：（1）$\triangle ABC$ 中，内角 A，B，C 的对边分别是 a，b，c，已知 a，b，c 成等比数列，且 $\cos B = \dfrac{3}{4}$．①求 $\cot A + \cot C$ 的值；②设 $\overrightarrow{BA} \cdot \overrightarrow{BC} = \dfrac{3}{2}$，求 $a + c$ 的值。

答案：①$\dfrac{4}{7}\sqrt{7}$．

②$a + c = 3$．

（2）已知向量 $\overrightarrow{a} = (2，2)$，向量 $\overrightarrow{b}$ 与向量 $\overrightarrow{a}$ 的夹角为 $\dfrac{3\pi}{4}$，且 $\overrightarrow{a} \cdot \overrightarrow{b} = -2$．

① 求向量 $\overrightarrow{b}$．

② 若 $\overrightarrow{t} = (1，0)$ 且 $\overrightarrow{b} \perp \overrightarrow{t}$，$\overrightarrow{c} = \left(\cos A，2\cos^2 \dfrac{C}{2} \right)$，其中 A，C 是 $\triangle ABC$ 的内角，若三角形的三内角 A，B，C 依次成等差数列，试求 $|\,\overrightarrow{b} + \overrightarrow{c}\,|$ 的取值范围。

答案：①$\overrightarrow{b} = (-1，0)$ 或 $\overrightarrow{b} = (0，-1)$；②$\dfrac{\sqrt{2}}{2} \leqslant |\,\overrightarrow{b} + \overrightarrow{c}\,| < \dfrac{\sqrt{5}}{2}$．

易错点 37：与向量相结合的三角不等式，学生综合运用知识解决问题的能力不够。

例37：已知二次函数 $f(x)$ 对任意 $x \in \mathbf{R}$ 都有 $f(1-x) = f(1+x)$ 成立，设向量 $\overrightarrow{a} = (\sin x，2)$，$\overrightarrow{b} = (2\sin x，\dfrac{1}{2})$，$\overrightarrow{c} = (\cos 2x，1)$，$\overrightarrow{d} = (1，2)$，当 $x \in [0，\pi]$ 时，求不等式 $f(\overrightarrow{a} \cdot \overrightarrow{b}) > f(\overrightarrow{c} \cdot \overrightarrow{d})$ 的解集。

易错点分析：易忽视二次函数的开口方向的讨论和三角、向量、函数三者的综合程度不够。

解析：设 $f(x)$ 的二次项系数为 m，其图像上的两点为 $A(1-x，y_1)$，$B(1+x，y_2)$，因为 $\dfrac{(1-x) + (1+x)}{2} = 1$，$f(1-x) = f(1+x)$，所以 $y_1 = y_2$，由 x 的任意性得 $f(x)$ 的图像关于直线 $x = 1$ 对称，若 $m > 0$，则 $x \geqslant 1$

时，$f(x)$ 是增函数；若 $m<0$，则 $x\geqslant 1$ 时，$f(x)$ 是减函数。

∵ $\vec{a}\cdot\vec{b}=(\sin x,\ 2)\cdot\left(2\sin x,\ \dfrac{1}{2}\right)=2\sin^2 x+1\geqslant 1$，$\vec{c}\cdot\vec{d}=(\cos 2x,\ 1)\cdot$

$(1,\ 2)=\cos 2x+2\geqslant 1$.

∴ 当 $m>0$ 时，$f(\vec{a}\cdot\vec{b})>f(\vec{c}\cdot\vec{d})\Leftrightarrow f(2\sin^2 x+1)>f(\cos 2x+2)$

$\Leftrightarrow 2\sin^2 x+1>\cos 2x+2\Leftrightarrow 1-\cos 2x+1>\cos 2x+2\Leftrightarrow\cos 2x<0\Leftrightarrow 2k\pi+\dfrac{\pi}{2}<2x<$

$2k\pi+\dfrac{3\pi}{2}$，$k\in\mathbf{Z}\Leftrightarrow k\pi+\dfrac{\pi}{4}<x<k\pi+\dfrac{3\pi}{4}$，$k\in\mathbf{Z}$.

∵ $0\leqslant x\leqslant\pi$，

∴ $\dfrac{\pi}{4}<x<\dfrac{3\pi}{4}$.

当 $m<0$ 时，同理可得 $0\leqslant x<\dfrac{\pi}{4}$ 或 $\dfrac{3\pi}{4}<x\leqslant\pi$. 综上所述，不等式 $f(\vec{a}\cdot$

$\vec{b})>f(\vec{c}\cdot\vec{d})$ 的解集是：当 $m>0$ 时，为 $\left\{x\left|\dfrac{\pi}{4}<x<\dfrac{3\pi}{4}\right.\right\}$；当 $m>0$ 时，为

$\left\{x\mid 0\leqslant x<\dfrac{\pi}{4}\text{或}\dfrac{3\pi}{4}<x<\pi\right\}$.

知识归类点拨：在运用函数的单调性构造不等式时，一定要明确函数在哪个区间或定义域上的单调性如何（不可忽视定义域的限制），通过本题要很好地体会向量、不等式、函数三者的综合，提高自己应用知识解决综合问题的能力。

练 37：若 $f(x)$ 在定义域 $(-1,\ 1)$ 内可导，且 $f'(x)<0$，点 A $(1,\ f(a))$；$B(f(-a),\ 1)$，对任意 $a\in(-1,\ 1)$ 恒有 $\overrightarrow{OA}\perp\overrightarrow{OB}$ 成立，试在 $(-\pi,\ \pi)$ 内求满足不等式 $f(\sin x\cos x)+f(\cos^2 x)>0$ 的 x 的取值范围。

答案：$x\in\left(\dfrac{\pi}{2},\ \dfrac{3\pi}{4}\right)\cup\left(-\dfrac{\pi}{2},\ \dfrac{\pi}{4}\right)$.

易错点 38：向量与解析几何的交互。

例 38：已知常数 $a > 0$，向量 $\vec{c} = (0, a)$，$\vec{i} = (1, 0)$，经过原点 O 以 $\vec{c} + \lambda \vec{i}$ 为方向向量的直线与经过定点 $A(0, a)$ 以 $\vec{i} - 2\lambda \vec{c}$ 为方向向量的直线相交于点 P，其中 $\lambda \in \mathbf{R}$. 试问：是否存在两个定点 E，F，使得 $|PE| + |PF|$ 为定值。若存在，求出 E，F 的坐标；若不存在，说明理由。

易错点分析：此题综合程度较高，一方面学生对题意的理解如对方向向量的概念的理解有误，另一方面在向量的问题情景下不能很好地结合圆锥曲线的定义来解答，使思维陷入僵局。

解析：根据题设条件，首先求出点 P 坐标满足的方程，据此再判断是否存在两定点，使得点 P 到两定点距离的和为定值。

$\because \vec{i} = (1, 0)$，$\vec{c} = (0, a)$，

$\therefore \vec{c} + \lambda \vec{i} = (\lambda, a)$，$\vec{i} - 2\lambda \vec{c} = (1, -2\lambda a)$.

因此，直线 OP 和 AP 的方程分别为 $\lambda y = ax$ 和 $y - a = -2\lambda ax$.

消去参数 λ，得点 $P(x, y)$ 的坐标满足方程 $y(y - a) = -2a^2 x^2$.

整理得 $\dfrac{x^2}{\dfrac{1}{8}} + \dfrac{\left(y - \dfrac{a}{2}\right)^2}{\left(\dfrac{a}{2}\right)^2} = 1 \cdots\cdots$ ①

因为 $a > 0$ 所以得：（1）当 $a = \dfrac{\sqrt{2}}{2}$ 时，方程①是圆方程，故不存在合乎题意的定点 E 和 F；

（2）当 $0 < a < \dfrac{\sqrt{2}}{2}$ 时，方程①表示椭圆，焦点 $E\left(\dfrac{1}{2}\sqrt{\dfrac{1}{2} - a^2},\ \dfrac{a}{2}\right)$ 和 $F\left(-\dfrac{1}{2}\sqrt{\dfrac{1}{2} - a^2},\ \dfrac{a}{2}\right)$ 为合乎题意的两个定点；

（3）当 $a > \dfrac{\sqrt{2}}{2}$ 时，方程①也表示椭圆，焦点 $E\left(0,\ \dfrac{1}{2}\left(a + \sqrt{a^2 - \dfrac{1}{2}}\right)\right)$ 和 F

$\left(0, \dfrac{1}{2}\left(a - \sqrt{a^2 - \dfrac{1}{2}}\right)\right)$ 为合乎题意的两个定点。

> **知识归类点拨**：本小题主要考查平面向量的概念和计算，求轨迹的方法，椭圆的方程和性质，利用方程判定曲线的性质，曲线与方程的关系等解析几何的基本思想和综合解题能力。在高考中，向量与圆锥曲线的结合是高考命题的主旋律，在解题过程中，一方面要注意在给出的向量问题情景中转化出来，另一方面也要注意应用向量的坐标运算来解决解析几何问题，如：线段的比值、长度、夹角，特别是垂直、点共线等问题，提高自己应用向量知识解决解析几何问题的意识。

练38：（1）已知椭圆的中心为坐标原点 O，焦点在 x 轴上，斜率为 1 且过椭圆右焦点 F 的直线交椭圆于 A，B 两点，$\overrightarrow{OA} + \overrightarrow{OB}$ 与 $\vec{a} = (3, -1)$ 共线。①求椭圆的离心率；②设 M 为椭圆上任意一点，且 $\overrightarrow{OM} = \lambda \overrightarrow{OA} + \mu \overrightarrow{OB}$ （λ，$\mu \in \mathbf{R}$），证明 $\lambda^2 + \mu^2$ 为定值。

答案：①$e = \dfrac{\sqrt{6}}{3}$；②$\lambda^2 + \mu^2 = 1$.

（2）已知两点 $M(-1, 0)$，$N(1, 0)$，且点 P 使 $\overrightarrow{MP} \cdot \overrightarrow{MN}$，$\overrightarrow{PM} \cdot \overrightarrow{PN}$，$\overrightarrow{NM} \cdot \overrightarrow{NP}$ 成公差小于零的等差数列。①点 P 的轨迹是什么曲线？②若点 P 坐标为 (x_0, y_0)，记 θ 为 $\overrightarrow{PM}$ 与 $\overrightarrow{PN}$ 的夹角，求 $\tan\theta$.

答案：①点 P 的轨迹是以原点为圆心，$\sqrt{3}$ 为半径的右半圆；②$\tan\theta = |y_0|$.

（3）设坐标原点为 O，抛物线 $y^2 = 2x$ 与过焦点的直线交于 A，B 两点，则 $\overrightarrow{OA} \cdot \overrightarrow{OB}$ 等于（　　）

A. $\dfrac{3}{4}$　　　　　　　　　　B. $-\dfrac{3}{4}$

C. 3　　　　　　　　　　　D. -3

答案：B.

易错点 39：忽略向量的夹角为0°和180°的情况，即同向与反向。

例39：设非零向量 $\vec{a}$，$\vec{b}$ 的夹角为 θ，则 $\vec{a} \cdot \vec{b} > 0$ 是 θ 为锐角的 _____条件，$\cos\theta < 0$ 是 θ 为钝角的_____条件。

解析：必要不充分；必要不充分。

练39：（1）判断正误（正确的在括号内打"√"，错误的在括号内打"×"）

① $\vec{a}\,(\vec{b} \cdot \vec{c}) = (\vec{a} \cdot \vec{b})\,\vec{c}$ （   ）

② $|\vec{a} \cdot \vec{b}| = |\vec{a}||\vec{b}|$ （   ）

③ 若 $\vec{a} \cdot \vec{b} = 0$，则 $\vec{a} = 0$ 或 $\vec{b} = 0$ （   ）

④ 若 $\vec{a} \cdot \vec{b} = \vec{a} \cdot \vec{c}$（$\vec{a} \neq 0$），则 $\vec{b} = \vec{c}$ （   ）

⑤ $|\vec{a}|^2 = \vec{a}^2$ （   ）

⑥ 若 $\vec{a} = \vec{b}$，则 $\vec{a} \cdot \vec{c} = \vec{b} \cdot \vec{c}$ （   ）

⑦ 若 $\vec{d} = (\vec{b} \cdot \vec{c})\,\vec{a} - (\vec{c} \cdot \vec{a})\,\vec{b}$，则 $\vec{d} \perp \vec{c}$ （   ）

易错点分析：未能准确理解平面向量的概念致错。

答案：①×；②×；③×；④×；⑤√；⑥√；⑦√。

（2）已知两个不共线的向量 $\vec{a}$，$\vec{b}$ 的夹角为 θ，且 $|\vec{a}| = 3$，$|\vec{b}| = 1$，x 为正实数。

① 若 $\vec{a} + 2\vec{b}$ 与 $\vec{a} - 4\vec{b}$ 垂直，求 $\tan\theta$.

② 若 $\theta = \dfrac{\pi}{6}$，求 $|x\vec{a} - \vec{b}|$ 的最小值及对应的 x 的值，并指出此时向量 $\vec{a}$ 与 $x\vec{a} - \vec{b}$ 的位置关系。

③ 若 θ 为锐角，对于正实数 m，关于 x 的方程 $|x\vec{a} - \vec{b}| = |m\vec{a}|$ 有两个不同的正实数解，且 $x \neq m$，求 m 的取值范围。

解析：①∵ $\vec{a} + 2\vec{b}$ 与 $\vec{a} - 4\vec{b}$ 垂直，

∴ $(\vec{a} + 2\vec{b}) \cdot (\vec{a} - 4\vec{b}) = 0$.

$\therefore \vec{a}^2 - 2\vec{a} \cdot \vec{b} - 8\vec{b}^2 = 0.$

$\because |\vec{a}| = 3,\ |\vec{b}| = 1,$

$\therefore 9 - 6\cos\theta - 8 = 0.$

$\therefore \cos\theta = \dfrac{1}{6}.$

$\because \theta \in (0,\ \pi),$

$\therefore \sin\theta = \dfrac{\sqrt{35}}{6},$

$\therefore \tan\theta = \dfrac{\sin\theta}{\cos\theta} = \sqrt{35};$

②$\theta = \dfrac{\pi}{6},\ |x\vec{a} - \vec{b}|^2 = 9x^2 - 2x \times 3 \times \dfrac{\sqrt{3}}{2} + 1 = 9x^2 - 3\sqrt{3}x + 1$

$\therefore$ 当 $x = -\dfrac{-3\sqrt{3}}{18} = \dfrac{\sqrt{3}}{6}$ 时，$|x\vec{a} - \vec{b}|$ 的最小值为 $\dfrac{1}{2}.$

此时 $\vec{a} \cdot (x\vec{a} - \vec{b}) = 9x - 3 \cdot \dfrac{\sqrt{3}}{2} = 0,$

$\therefore \vec{a}$ 与 $x\vec{a} - \vec{b}$ 垂直；

③方程 $|x\vec{a} - \vec{b}| = |m\vec{a}|$，等价于 $9x^2 - 6\cos\theta x + 1 - 9m^2 = 0$

$\because$ 关于 x 的方程 $|x\vec{a} - \vec{b}| = |m\vec{a}|$ 有两个不同的正实数解，

$\therefore \begin{cases} 36\cos^2\theta - 36(1 - 9m^2) > 0 \\[2mm] \dfrac{2\cos\theta}{3} > 0 \\[2mm] \dfrac{1 - 9m^2}{9} > 0 \end{cases}$

$\therefore \cos\theta > 0,\ \sin\theta < m < \dfrac{1}{3},$

若有 $x = m$，则 $x = \dfrac{1}{6\cos\theta}$

$\because x \neq m,$

$\therefore m \neq \dfrac{1}{6\cos\theta},$

令 $\frac{1}{3}\sin\theta < \frac{1}{6\cos\theta} < \frac{1}{3}$,

$\therefore \begin{cases} \sin2\theta < 1 \\ \cos\theta > \dfrac{1}{2} \end{cases}$

$\therefore 0 < \theta < \dfrac{\pi}{3}$ 且 $\theta \neq \dfrac{\pi}{4}$.

$\therefore$ 当 $0 < \theta < \dfrac{\pi}{3}$ 且 $\theta \neq \dfrac{\pi}{4}$ 时,m 的取值范围为 $\left\{ m \mid \dfrac{1}{3}\sin\theta < m \ \dfrac{1}{3}$ 且 $m \neq \dfrac{1}{6\cos\theta} \right\}$;

当 $\dfrac{\pi}{3} < \theta < \dfrac{\pi}{2}$ 或 $\theta = \dfrac{\pi}{4}$ 时,m 的取值范围为 $\left\{ m \mid \dfrac{1}{3}\sin\theta < m < \dfrac{1}{3} \right\}$.

易错点分析:第一问向量夹角范围容易漏写或者没注意题干所说两个不共线向量,容易写成闭区间。第三问容易漏掉 $x \neq m$ 这个条件,导致所求范围错误。

(3) 已知向量 $\vec{a}$,$\vec{b}$ 满足 $|\vec{a}| = 4$,$|\vec{b}| = 5$,$\vec{a} \cdot \vec{b} = 4$,则 $\cos < \vec{a}$,$\vec{a} + \vec{b} > = ($ 　 $)$

A. $\dfrac{5}{7}$　　　　　　　　　B. $\dfrac{3}{7}$

C. $-\dfrac{2}{7}$　　　　　　　　D. $-\dfrac{5}{7}$

分析:利用向量的数量积以及向量的模,转化求解向量的焦距的余弦函数值即可。

解析:向量 $\vec{a}$,$\vec{b}$ 满足 $|\vec{a}| = 4$,$|\vec{b}| = 5$,$\vec{a} \cdot \vec{b} = 4$,可得 $|\vec{a} + \vec{b}|$

$= \sqrt{\vec{a}^2 + 2\vec{a} \cdot \vec{b} + \vec{b}^2} = \sqrt{16 + 8 + 25} = 7$,$\vec{a} \cdot (\vec{a} + \vec{b}) = \vec{a}^2 + \vec{a} \cdot \vec{b} = 16 + 4$

$= 20$,$\cos < \vec{a}$,$\vec{a} + \vec{b} > = \dfrac{\vec{a} \cdot (\vec{a} + \vec{b})}{|\vec{a}| \ |\vec{a} + \vec{b}|} = \dfrac{20}{4 \times 7} = \dfrac{5}{7}$.

故选:A.

(4) 已知单位向量 $\vec{a}$,$\vec{b}$ 满足 $\vec{a} \cdot \vec{b} = 0$,若向量 $\vec{c} = \sqrt{7}\vec{a} + \sqrt{2}\vec{b}$,则 $\sin < \vec{a}$,$\vec{c} > = ($ 　 $)$

A. $\dfrac{\sqrt{7}}{3}$ B. $\dfrac{\sqrt{2}}{3}$

C. $\dfrac{\sqrt{7}}{9}$ D. $\dfrac{\sqrt{2}}{9}$

解析： $\vec{a} \cdot \vec{c} = \vec{a} \cdot (\sqrt{7}\vec{a} + \sqrt{2}\vec{b}) = \sqrt{7}\vec{a}^2 + \sqrt{2}\vec{a} \cdot \vec{b} = \sqrt{7}$,

$|\vec{c}| = \sqrt{(\sqrt{7}\vec{a} + \sqrt{2}\vec{b})^2} = \sqrt{7\vec{a}^2 + 2\vec{b}^2 + 2\sqrt{14}\vec{a} \cdot \vec{b}} = \sqrt{7+2} = 3$,

所以 $\cos <\vec{a},\ \vec{c}> = \dfrac{\vec{a} \cdot \vec{c}}{|\vec{a}||\vec{c}|} = \dfrac{\sqrt{7}}{1 \times 3} = \dfrac{\sqrt{7}}{3}$,

所以 $\sin <\vec{a},\ \vec{c}> = \dfrac{\sqrt{2}}{3}$.

故选：B.

易错点分析： 容易求成向量夹角的余弦值。

(5) 已知 $\triangle ABC$ 中，$|\overrightarrow{AC}| = 10$，$|\overrightarrow{AD}| = 5$，$\overrightarrow{AD} = \dfrac{5}{11}\overrightarrow{DB}$，$\overrightarrow{CD} \cdot \overrightarrow{AB} = 0$.

① 求 $|\overrightarrow{AB} - \overrightarrow{AC}|$；

② 设 $\angle BAC = \theta$，且已知 $\cos(\theta + x) = \dfrac{4}{5}$，$-\dfrac{\pi}{2} < x < 0$，求 $\sin x$.

解析： ①由已知 $\overrightarrow{AD} = \dfrac{5}{11}\overrightarrow{DB}$，即 $\overrightarrow{DB} = \dfrac{11}{5}\overrightarrow{AD}$，

$\because |\overrightarrow{AD}| = 5$，

$\therefore |\overrightarrow{DB}| = 11$，

$\because \overrightarrow{CD} \cdot \overrightarrow{AB} = 0$，

$\therefore CD \perp AB$，

在 $\mathrm{Rt}\triangle BCD$ 中，$BC^2 = BD^2 + CD^2$，又 $CD^2 = AC^2 - AD^2$，

$\therefore BC^2 = BD^2 + AC^2 - AD^2 = 196$，

$\therefore |\overrightarrow{AB} - \overrightarrow{AC}| = |\overrightarrow{BC}| = 14$.

② 在 $\triangle ABC$ 中，$\cos \angle BAC = \dfrac{1}{2}$，

89

$\therefore \theta = \dfrac{\pi}{3}$. 即 $\cos(\theta + x) = \cos\left(\dfrac{\pi}{3} + x\right) = \dfrac{4}{5}$，$\sin\left(\dfrac{\pi}{3} + x\right) = \pm\dfrac{3}{5}$，

而 $-\dfrac{\pi}{2} < x < 0$，$-\dfrac{\pi}{6} < \dfrac{\pi}{3} + x < \dfrac{\pi}{3}$，则 $-\dfrac{1}{2} = \sin\left(-\dfrac{\pi}{6}\right) < \sin\left(\dfrac{\pi}{3} + x\right) < \sin$

$\dfrac{\pi}{3} = \dfrac{\sqrt{3}}{2}$，

$\therefore \sin\left(\dfrac{\pi}{3} + x\right) = \dfrac{3}{5}$，

$\therefore \sin x = \sin\left[\left(\dfrac{\pi}{3} + x\right) - \dfrac{\pi}{3}\right] = \dfrac{3 - 4\sqrt{3}}{10}$.

易错点分析：第二问求 $\sin\left(\dfrac{\pi}{3} + x\right) = \pm\dfrac{3}{5}$，对于取正、负值易错。

第五节　数列及不等式

易错或易混淆概念：

39. 同向不等式能相减相除吗？

40. 不等式的解集的规范书写格式是什么？（一般要写成集合的表达式）

41. 分式不等式 $\dfrac{f(x)}{g(x)} > a\,(a \neq 0)$ 的一般解题思路是什么？（移项通分，分子分母分解因式，x 的系数变为正值，奇穿偶回）

42. 解指对不等式应该注意什么问题？（指数函数与对数函数的单调性，对数的真数大于零）

43. 含有两个绝对值的不等式如何去绝对值？（一般是根据定义分类讨论）

44. 利用重要不等式 $a + b \geqslant 2\sqrt{ab}$ 以及变式 $ab \leqslant \left(\dfrac{a+b}{2}\right)^2$ 等求函数的最值时，你是否注意到 $a,\,b \in \mathbf{R}^+$（或 $a,\,b$ 非负），且"等号成立"时的条件，积 ab 或和 $a + b$ 其中之一应是定值？（一正二定三相等）

45. $\sqrt{\dfrac{a^2+b^2}{2}} \geqslant \dfrac{a+b}{2} \geqslant \sqrt{ab} \geqslant \dfrac{2ab}{a+b}$ （$a,\,b \in \mathbf{R}^+$）（当且仅当 $a = b$ 时，取等号）；$a,\,b,\,c \in \mathbf{R}$，$a^2 + b^2 + c^2 \geqslant ab + bc + ca$（当且仅当 $a = b = c$ 时，取等号）；

46. 在解含有参数的不等式时，怎样进行讨论？（特别是指数和对数的

底 $0 < a < 1$ 或 $a > 1$）讨论完之后，要写出：综上所述，原不等式的解集是什么。

47. 解含参数的不等式的通法是"定义域为前提，函数增减性为基础，分类讨论是关键"。

48. 对于不等式恒成立问题，常用的处理方式？（转化为最值问题）

49. 等差数列中的重要性质：

（1）若 $m + n = p + q$，则 $a_m + a_n = a_p + a_q$.

（2）数列 $\{a_{2n-1}\}$，$\{a_{2n}\}$，$\{ka_n + b\}$ 仍成等差数列；S_n，$S_{2n} - S_n$，$S_{3n} - S_{2n}$ 仍成等差数列。

（3）若三数成等差数列，则可设为 $a - d$，a，$a + d$；若为四数则可设为 $a - \dfrac{3}{2}d$，$a - \dfrac{1}{2}d$，$a + \dfrac{1}{2}d$，$a + \dfrac{3}{2}d$.

（4）在等差数列中，求 S_n 的最大（小）值，其思路是找出某一项，使这项及它前面的项皆取正（负）值或 0，而它后面各项皆取负（正）值，则从第一项起到该项的各项的和为最大（小）。即：当 $a_1 > 0$，$d < 0$，解不等式组 $\begin{cases} a_n \geq 0 \\ a_{n+1} \leq 0 \end{cases}$ 可得 S_n 达最大值时的 n 的值；当 $a_1 < 0$，$d > 0$，解不等式组 $\begin{cases} a_n \leq 0 \\ a_{n+1} \geq 0 \end{cases}$ 可得 S_n 达最小值时的 n 的值。

（5）若 a_n，b_n 是等差数列，S_n，T_n 分别为 a_n，b_n 的前 n 项和，则 $\dfrac{a_m}{b_m} = \dfrac{S_{2m-1}}{T_{2m-1}}$.

（6）若 $\{a_n\}$ 是等差数列，则 $\{a^{a_n}\}$ 是等比数列，若 $\{a_n\}$ 是等比数列且 $a_n > 0$，则 $\{log_a^{a_n}\}$ 是等差数列。

50. 等比数列中的重要性质：（1）若 $m + n = p + q$，则 $a_m \cdot a_n = a_p \cdot a_q$；（2）$S_k$，$S_{2k} - S_k$，$S_{3k} - S_{2k}$ 成等比数列。

51. 你是否注意到在应用等比数列求前 n 项和时，需要分类讨论。$\left(\text{当 } q=1 \text{ 时，} S_n = na_1 \text{；当 } q \neq 1 \text{ 时，} S_n = \dfrac{a_1\,(1-q^n)}{1-q}\right)$

52. 等比数列的一个求和公式：设等比数列 $\{a_n\}$ 的前 n 项和为 S_n，公比为 q，则 $S_{m+n} = S_m + q^m S_n$.

53. 等差数列的一个性质：设 S_n 是数列 $\{a_n\}$ 的前 n 项和，$\{a_n\}$ 为等差数列的充要条件是 $S_n = an^2 + bn$（a，b 为常数）其公差是 $2a$.

54. 你知道怎样的数列求和时要用"错位相减"法吗？（若 $c_n = a_n b_n$，其中 $\{a_n\}$ 是等差数列，$\{b_n\}$ 是等比数列，求 $\{c_n\}$ 的前 n 项的和）

55. 用 $a_n = S_n - S_{n-1}$ 求数列的通项公式时，你注意到 $a_1 = S_1$ 了吗？

56. 你还记得裂项求和吗？$\left(\text{如 } \dfrac{1}{n(n+1)} = \dfrac{1}{n} - \dfrac{1}{n+1}\right)$

易错点 40：含参分式不等式的解法。易对分类讨论的标准把握不准，分类讨论达不到不重不漏的目的。

例 40：解关于 x 的不等式 $\dfrac{a\,(x-1)}{x-2} > 1$（$a \neq 1$）.

易错点分析：将不等式化为关于 x 的一元二次不等式后，忽视对二次项系数的正负的讨论，导致错解。

解析：原不等式可化为：$\dfrac{(a-1)\,x + (2-a)}{x-2} > 0$，即 $[\,(a-1)\,x + (2-a)\,]\,(x-2) > 0$.

当 $a > 1$ 时，原不等式与 $\left(x - \dfrac{a-2}{a-1}\right)(x-2) > 0$ 同解。若 $\dfrac{a-2}{a-1} \geq 2$，即 $0 \leq a < 1$，原不等式无解；若 $\dfrac{a-2}{a-1} < 2$，即 $a < 0$ 或 $a > 1$，于是 $a > 1$ 时原不等式的解为 $\left(-\infty, \dfrac{a-2}{a-1}\right) \cup (2, +\infty)$.

当 $a < 1$ 时，若 $a < 0$，解集为 $\left(\dfrac{a-2}{a-1}, 2\right)$；若 $0 < a < 1$，解集为 $\left(2, \dfrac{a-2}{a-1}\right)$

综上所述：当 $a > 1$ 时解集为 $\left(-\infty, \dfrac{a-2}{a-1}\right) \cup (2, +\infty)$；当 $0 < a < 1$ 时，解集为 $\left(2, \dfrac{a-2}{a-1}\right)$；当 $a = 0$ 时，解集为 ϕ；当 $a < 0$ 时，解集为 $\left(\dfrac{a-2}{a-1}, 2\right)$.

知识归类点拨：解不等式对学生的运算化简等价转化能力有较高的要求，随着高考命题原则向能力立意的进一步转化，对解不等式的考查将会更是热点。解不等式需要注意下面几个问题。

（1）熟练掌握一元一次不等式（组），一元二次不等式（组）的解法。

（2）掌握用序轴标根法解高次不等式和分式不等式，特别要注意因式的处理方法。

（3）掌握无理不等式的三种类型的等价形式，指数和对数不等式的几种基本类型的解法。

（4）掌握含绝对值不等式的几种基本类型的解法。

（5）在解不等式的过程中，要充分运用自己的分析能力，把原不等式等价地转化为易解的不等式。

（6）对于含字母的不等式，要能按照正确的分类标准，进行分类讨论。

练40：已知函数 $f(x) = \dfrac{x^2}{ax+b}$（a，b 为常数），且方程 $f(x) - x + 12 = 0$ 有两个实根为 $x_1 = 3$，$x_2 = 4$.

（1）求函数 $f(x)$ 的解析式；

（2）设 $k > 1$，解关于 x 的不等式：$f'(x) < \dfrac{(k+1)\,x - k}{2 - x}$.

答案：（1）$f(x) = \dfrac{x^2}{2-x}$（$x \neq 2$）；（2）①当 $1 < k < 2$ 时，解集为 $(1,k) \cup (2,+\infty)$；②当 $k = 2$ 时，不等式化为 $(x-2)^2(x-1) > 0$ 解集为 $(1,2) \cup (2,+\infty)$；③当 $k > 0$ 时，解集为 $(1,2) \cup (k,+\infty)$.

> **易错点 41**：不等式的证明方法。学生不能据已知条件选择相应的证明方法，达不到对各种证明方法的灵活应用程度。

例 41：已知 $a > 0$，$b > 0$，且 $a + b = 1$. 求证：$\left(a + \dfrac{1}{a}\right)\left(b + \dfrac{1}{b}\right) \geqslant \dfrac{25}{4}$.

易错点分析：此题若直接应用重要不等式证明，显然 $a + \dfrac{1}{a}$ 和 $b + \dfrac{1}{b}$ 不能同时取得等号，本题可有如下证明方法。

方法一：（分析综合法）欲证原式，即证 $4(ab)^2 + 4(a^2 + b^2) - 25ab + 4 \geqslant 0$，即证 $4(ab)^2 - 33(ab) + 8 \geqslant 0$，即证 $ab \leqslant \dfrac{1}{4}$ 或 $ab \geqslant 8$.

$\because a > 0$，$b > 0$，$a + b = 1$，

$\therefore ab \geqslant 8$ 不可能成立。

$\because 1 = a + b \geqslant 2\sqrt{ab}$，

$\therefore ab \leqslant \dfrac{1}{4}$，从而得证。

方法二：（均值代换法）设 $a = \dfrac{1}{2} + t_1$，$b = \dfrac{1}{2} + t_2$.

$\because a + b = 1$，$a > 0$，$b > 0$，

$\therefore t_1 + t_2 = 0$，$|t_1| < \dfrac{1}{2}$，$|t_2| < \dfrac{1}{2}$.

$\therefore \left(a + \dfrac{1}{a}\right)\left(b + \dfrac{1}{b}\right) = \dfrac{a^2 + 1}{a} \times \dfrac{b^2 + 1}{b} = \dfrac{\left(\dfrac{1}{2} + t_1\right)^2 + 1}{\dfrac{1}{2} + t_1} \times \dfrac{\left(\dfrac{1}{2} + t_2\right)^2 + 1}{\dfrac{1}{2} + t_2}$

$$= \frac{\left(\frac{1}{4}+t_1+t_1^2+1\right)\left(\frac{1}{4}+t_2+t_2^2+1\right)}{\left(\frac{1}{2}+t_1\right)\left(\frac{1}{2}+t_2\right)} = \frac{\left(\frac{1}{4}+t_1+t_1^2+1\right)\left(\frac{1}{4}+t_2+t_2^2+1\right)}{\frac{1}{4}-t_2^2}$$

$$= \frac{\left(\frac{5}{4}+t_2^2\right)^2-t_2^2}{\frac{1}{4}-t_2^2} = \frac{\frac{25}{16}+\frac{3}{2}t_2^2+t_2^4}{\frac{1}{4}-t_2^2} \geq \frac{\frac{25}{16}}{\frac{1}{4}} = \frac{25}{4}.$$ 显然当且仅当 $t=0$，即 $a=b=$

$\frac{1}{2}$ 时，等号成立。

方法三：（比较法）

$\because a+b=1$，$a>0$，$b>0$，

$\therefore a+b \geq 2\sqrt{ab}$，

$\therefore ab \leq \frac{1}{4}$.

$$\left(a+\frac{1}{a}\right)\left(b+\frac{1}{b}\right) - \frac{25}{4} = \frac{a^2+1}{a} \cdot \frac{b^2+1}{b} - \frac{25}{4} = \frac{4a^2b^2+33ab+8}{8ab}$$

$$= \frac{(1-4ab)(8-ab)}{4ab} \geq 0$$

$$\therefore \left(a+\frac{1}{a}\right)\left(b+\frac{1}{b}\right) \geq \frac{25}{4}.$$

方法四：（综合法）

$\because a+b=1$，$a>0$，$b>0$，

$\therefore a+b \geq 2\sqrt{ab}$，

$\therefore ab \leq \frac{1}{4}$.

$$\therefore 1-ab \geq 1-\frac{1}{4}=\frac{3}{4} \Rightarrow (1-ab)^2 \geq \frac{9}{16} \Rightarrow \begin{cases} (1-ab)^2+1 \geq \frac{25}{16} \\ \frac{1}{ab} \geq 4 \end{cases} \Rightarrow$$

$$\frac{(1-ab)^2+1}{ab} \geq \frac{25}{4} \text{即} \left(a+\frac{1}{a}\right)\left(b+\frac{1}{b}\right) \geq \frac{25}{4}.$$

方法五：（三角代换法）

$\because a > 0$，$b > 0$，$a + b = 1$，故令 $a = \sin^2\alpha$，$b = \cos^2\alpha$，$\alpha \in \left(0, \dfrac{\pi}{2}\right)$

$$\left(a + \frac{1}{a}\right)\left(b + \frac{1}{b}\right) = \left(\sin^2\alpha + \frac{1}{\sin^2\alpha}\right)\left(\cos^2\alpha + \frac{1}{\cos^2\alpha}\right)$$

$$= \frac{\sin^4\alpha + \cos^4\alpha - 2\sin^2\alpha\cos^2\alpha + 2}{4\sin^2 2\alpha}$$

$$= \frac{(4 - \sin^2\alpha)^2 + 16}{4\sin^2 2\alpha}$$

$\because \sin 2\alpha$，

$\therefore 4 - \sin^2 2\alpha \geqslant 4 - 1 = 3.$

$\left.\begin{array}{l} 4 - \sin^2 2\alpha + 16 \geqslant 25 \\[2mm] \dfrac{1}{4\sin^2 2\alpha} \geqslant \dfrac{1}{4} \end{array}\right\}$

$\Rightarrow \dfrac{(4 - \sin^2 2\alpha)^2}{4\sin^2 2\alpha} + 16 \geqslant \dfrac{25}{4}$，即得 $\left(a + \dfrac{1}{a}\right)\left(b + \dfrac{1}{b}\right) \geqslant \dfrac{25}{4}.$

知识归类点拨：

1. 不等式证明常用的方法

比较法，综合法和分析法。它们是证明不等式的最基本的方法。

（1）比较法证不等式有作差（商）、变形、判断三个步骤，变形的主要方向是因式分解、配方，判断过程必须详细叙述；如果作差以后的式子可以整理为关于某一个变量的二次式，则考虑用判别式法证明。（2）综合法是由因导果，而分析法是执果索因，两法相互转换，互相渗透，互为前提。充分运用这一辩证关系，可以增加解题思路，开阔视野。

2. 不等式证明还有一些常用的方法

换元法，放缩法，反证法，函数单调性法，判别式法，数形结合法等。换元法主要有三角代换、均值代换两种。在应用换元法时，要注意代换的等价性。放缩性是不等式证明中最重要的变形方法之一，放缩要有的放矢，目标可以从要证的结论中考查。有些不等式，从正面证明如果不易说清楚，可以考虑反证法。凡是含有"至少""唯一"或含有其他否定词的命题，适宜用反证法。

证明不等式时，要依据题设，题目的特点和内在联系，选择适当的证明方法；要熟悉各种证法中的推理思维，并掌握相应的步骤、技巧和语言特点。

练41：数列 $\{x_n\}$ 由下列条件确定：$x_1 = a > 0$，$x_{n+1} = \dfrac{1}{2}\left(x_n + \dfrac{a}{x_n}\right)$，$n \in \mathbf{N}^*$.

证明：（1）对于 $n \geq 2$ 总有 $x_n \geq \sqrt{a}$；（2）证明：对于 $n \geq 2$，总有 $x_n \geq x_{n+1}$.

易错点42：应用重要不等式确定最值时，忽视应用的前提条件，特别是易忘记判断不等式取得等号时的变量值是否在定义域限制范围之内。

例42：已知：$a > 0$，$b > 0$，$a + b = 1$，求 $\left(a + \dfrac{1}{a}\right)^2 + \left(b + \dfrac{1}{b}\right)^2$ 的最小值。

错解：$\left(a + \dfrac{1}{a}\right)^2 + \left(b + \dfrac{1}{b}\right)^2 = a^2 + b^2 + \dfrac{1}{a^2} + \dfrac{1}{b^2} + 4 \geq 2ab + \dfrac{2}{ab} + 4 \geq 4\sqrt{ab \cdot \dfrac{1}{ab}} + 4 = 8$

∴ $\left(a + \dfrac{1}{a}\right)^2 + \left(b + \dfrac{1}{b}\right)^2$ 的最小值是8.

易错点分析：上面的解答中，两次用到了基本不等式 $a^2+b^2 \geqslant 2ab$，第一次等号成立的条件是 $a=b=\frac{1}{2}$，第二次等号成立的条件 $ab=\frac{1}{ab}$，显然，这两个条件是不能同时成立的。因此，8 不是最小值。

解析：原式 $= a^2+b^2+\frac{1}{a^2}+\frac{1}{b^2}+4 = (a^2+b^2)+\left(\frac{1}{a^2}+\frac{1}{b^2}\right)+4 = [(a+b)^2-2ab]+\left[\left(\frac{1}{a}+\frac{1}{b}\right)^2-\frac{2}{ab}\right]+4 = (1-2ab)\left(1+\frac{1}{a^2b^2}\right)+4$ 由 $ab \leqslant \left(\frac{a+b}{2}\right)^2 = \frac{1}{4}$ 得：$1-2ab \geqslant 1-\frac{1}{2}=\frac{1}{2}$，且 $\frac{1}{a^2b^2} \geqslant 16$，$1+\frac{1}{a^2b^2} \geqslant 17$

$\therefore$ 原式 $\geqslant \frac{1}{2} \times 17 + 4 = \frac{25}{2}$（当且仅当 $a=b=\frac{1}{2}$ 时，等号成立）.

$\therefore \left(a+\frac{1}{a}\right)^2+\left(b+\frac{1}{b}\right)^2$ 的最小值是 $\frac{25}{2}$.

知识归类点拨：在应用重要不等式求解最值时，要注意它的三个前提条件缺一不可即"一正二定三相等"，在解题中容易忽略验证取得最值时使等号成立的变量的值是否在其定义域范围内。

易错点 43：已知 S_n 求 a_n 时，会忽略 $n=1$ 的情况。

例 43：数列 $\{a_n\}$ 前 n 项和为 S_n 且 $a_1=1$，$a_{n+1}=\frac{1}{3}S_n$. 求 a_2，a_3，a_4 的值及数列 $\{a_n\}$ 的通项公式。

易错点分析：此题在应用 S_n 与 a_n 的关系时误认为 $a_n=S_n-S_{n-1}$ 对于任意 n 值都成立，忽略了对 $n=1$ 的情况的验证。会得出数列 $\{a_n\}$ 为等比数列的错误结论。

解析：会求得 $a_2=\frac{1}{3}$，$a_3=\frac{4}{9}$，$a_4=\frac{16}{27}$. 由 $a_1=1$，$a_{n+1}=\frac{1}{3}S_n$ 得 $a_n=\frac{1}{3}$

S_{n-1} $(n \geq 2)$，故 $a_{n+1} - a_n = \frac{1}{3}S_n - \frac{1}{3}S_{n-1} = \frac{1}{3}a_n$ $(n \geq 2)$ 得 $a_{n+1} = \frac{4}{3}a_n$ $(n \geq$

2）又 $a_1 = 1$，$a_2 = \frac{1}{3}$ 故该数列从第二项开始为等比数列，故 $a_n =$

$$\begin{cases} 1 & (n = 1) \\ \frac{1}{3}\left(\frac{4}{3}\right)^{n-2} & (n \geq 2) \end{cases}.$$

知识归类点拨：对于数列 a_n 与 S_n 之间有如下关系：$a_n =$ $\begin{cases} S_1 & (n = 1) \\ S_n - S_{n-1} & (n \geq 2) \end{cases}$ 利用两者之间的关系可以已知 S_n 求 a_n. 但注意只有在当 a_1 适合 $a_n = S_n - S_{n-1}$ $(n \geq 2)$ 时，两者才可以合并，否则要写分段函数的形式。

练 42：已知数列 $\{a_n\}$ 满足 $a_1 = 1$，$a_n = a_1 + 2a_2 + 3a_3 + \cdots + (n-1)$ a_{n+1} $(n \geq 2)$ 则数列 $\{a_n\}$ 的通项公式为_____

答案：（将条件右端视为数列 $\{a_n\}$ 的前 $n-1$ 项和，利用公式法解答即

可）$a_n = \begin{cases} 1 & (n = 1) \\ \dfrac{n!}{2} & (n \geq 2) \end{cases}.$

易错点 44：利用函数知识求解数列的最大项及前 n 项和最大值时易忽略其定义域限制是正整数集或其子集（从 1 开始）。

例 44：等差数列 $\{a_n\}$ 的首项 $a_1 > 0$，前 n 项和 S_n，当 $l \neq m$ 时，$S_m = S_l$. 问 n 为何值时 S_n 最大？

易错点分析：等差数列的前 n 项和是关于 n 的二次函数，可将问题转化为求解关于 n 的二次函数的最大值，但易忘记此二次函数的定义域为正整数集

这个限制条件。

解析： 由题意知 $S_n = f(n) = na_1 + \dfrac{n(n-1)}{2}d = \dfrac{d}{2}n^2 + \left(a_1 - \dfrac{d}{2}\right)n.$ 此函数是以 n 为变量的二次函数，因为 $a_1 > 0$，当 $l \neq m$ 时，$S_m = S_l$，故 $d < 0$，即此二次函数开口向下，故由 $f(l) = f(m)$ 得当 $x = \dfrac{l+m}{2}$ 时 $f(x)$ 取得最大值，但由于 $n \in \mathbf{N}^*$，故若 $l+m$ 为偶数，当 $n = \dfrac{l+m}{2}$ 时，S_m 最大。当 $l+m$ 为奇数时，当 $n = \dfrac{l+m \pm 1}{2}$ 时，S_m 最大。

知识归类点拨： 数列的通项公式及前 n 项和公式都可视为定义域为正整数集或其子集（从 1 开始）上的函数，因此在解题过程中要树立函数思想及观点，应用函数知识解决问题。特别的等差数列的前 n 项和公式是关于 n 的二次函数且没有常数项，反之满足形如 $S_n = an^2 + bn$ 所对应的数列也必然是等差数列的前 n 项和。此时由 $\dfrac{S_n}{n} = an + b$ 知数列中的点 $\left(n, \dfrac{S_n}{n}\right)$ 在同一直线上，这也是一个很重要的结论。此外形如前 n 项和 $S_n = ca^n - c$ 所对应的数列必为一等比数列的前 n 项和。

练 43： 设 $\{a_n\}$ 是等差数列，S_n 是前 n 项和，且 $S_5 < S_6$，$S_6 = S_7 > S_8$，则下列结论错误的是（　　　）

A. $d < 0$　　　　　　　　　　B. $a_7 = 0$

C. $S_9 > S_5$　　　　　　　　　D. S_6 和 S_7 均为 S_n 的最大值

答案：C.（提示利用二次函数的知识得等差数列前 n 项和关于 n 的二次函数的对称轴再结合单调性解答）

例 45：已知关于 x 的方程 $x^2 - 3x + a = 0$ 和 $x^2 - 3x + b = 0$ 的四个根组成首项为 $\frac{3}{4}$ 的等差数列，求 $a + b$ 的值。

易错点分析：注意到两方程的两根之和相等这个隐含条件，结合等差数列的性质，明确等差数列中的项是如何排列的。

解析：不妨设 $\frac{3}{4}$ 是方程 $x^2 - 3x + a = 0$ 的根，由于两方程的两根之和相等故由等差数列的性质知方程 $x^2 - 3x + a = 0$ 的另一根是此等差数列的第四项，而方程 $x^2 - 3x + b = 0$ 的两根是等差数列的中间两项，根据等差数列知识易知此等差数列为：$\frac{3}{4}$，$\frac{5}{4}$，$\frac{7}{4}$，$\frac{9}{4}$，故 $a = \frac{27}{16}$，$b = \frac{35}{16}$，从而 $a + b = \frac{31}{8}$。

知识归类点拨：等差数列和等比数列的性质是数列知识的一个重要方面，在解题中充分运用数列的性质往往起到事半功倍的效果。例如对于等差数列 $\{a_n\}$，若 $n + m = p + q$，则 $a_n + a_m = a_p + q_q$；对于等比数列 $\{a_n\}$，若 $n + m = u + \nu$，则 $a_n \cdot a_m = a_u \cdot a_\nu$。若数列 $\{a_n\}$ 是等比数列，S_n 是其前 n 项的和，$k \in \mathbf{N}^*$，那么 S_k，$S_{2k} - S_k$，$S_{3k} - S_{2k}$ 成等比数列；若数列 $\{a_n\}$ 是等差数列，S_n 是其前 n 项的和，$k \in \mathbf{N}^*$，那么 S_k，$S_{2k} - S_k$，$S_{3k} - S_{2k}$ 成等差数列等性质要熟练和灵活应用。

练 44：已知方程 $x^2 - 2x + m = 0$ 和 $x^2 - 2x + n = 0$ 的四个根组成一个首项为 $\frac{1}{4}$ 的等差数列，则 $|m - n| = ($ $)$

A. 1   B. $\dfrac{3}{4}$ C. $\dfrac{1}{2}$ D. $\dfrac{3}{8}$

答案：C.

易错点 46：用等比数列求和公式求和时，会忽略公比 $q=1$ 的情况。

例 46：数列 $\{a_n\}$ 中，$a_1=1$，$a_2=2$，数列 $\{a_n \cdot a_{n+1}\}$ 是公比为 q（$q>0$）的等比数列。

（1）求使 $a_n a_{n+1}+a_{n+1}a_{n+2}>a_{n+2}a_{n+3}$ 成立的 q 的取值范围；

（2）求数列 $\{a_n\}$ 的前 $2n$ 项的和 S_{2n}.

易错点分析：对于等比数列的前 n 项和易忽略公比 $q=1$ 的特殊情况，造成概念性错误。再者学生没有从定义出发研究条件数列 $\{a_n \cdot a_{n+1}\}$ 是公比为 q（$q>0$）的等比数列，得到数列奇数项和偶数项成等比数列而找不到解题突破口，使思维受阻。

解析：（1）∵ 数列 $\{a_n \cdot a_{n+1}\}$ 是公比为 q 的等比数列，

∴ $a_{n+1}a_{n+2}=a_n a_{n+1}q$，$a_{n+2}a_{n+3}=a_n a_{n+1}q^2$.

由 $a_n a_{n+1}+a_{n+1}a_{n+2}>a_{n+2}a_{n+3}$

得 $a_n a_{n+1}+a_n a_{n+1}q>a_n a_{n+2}q^2 \Rightarrow 1+q>q^2$，即 $q^2-q-1<0$（$q>0$），

解得 $0<q<\dfrac{1+\sqrt{5}}{2}$.

（2）由数列 $\{a_n \cdot a_{n+1}\}$ 是公比为 q 的等比数列，得 $\dfrac{a_{n+1}a_{n+2}}{a_n a_{n+1}}=q \Rightarrow \dfrac{a_{n+2}}{a_n}=q$，这表明数列 $\{a_n\}$ 的所有奇数项成等比数列，所有偶数项成等比数列，且公比都是 q，又 $a_1=1$，$a_2=2$，

∴ 当 $q \neq 1$ 时，$S_{2n}=a_1+a_2+a_3+a_4+\cdots+a_{2n-1}+a_{2n}$

$=(a_1+a_3+a_5+\cdots+a_{2n-1})+(a_2+a_4+a_6+\cdots+a_{2n})$

$=\dfrac{a_1(1-q^n)}{1-q}+\dfrac{a_2(1-q^n)}{1-q}=\dfrac{3(1-q^n)}{1-q}$

当 $q=1$ 时，$S_{2n}=a_1+a_2+a_3+a_4+\cdots+a_{2n-1}+a_{2n}=(a_1+a_3+a_5+\cdots+a_{2n-1})+(a_2+a_4+a_6+\cdots+a_{2n})$

$=(1+1+1+\cdots+1)+(2+2+2+\cdots+2)=3n.$

知识归类点拨：本题中拆成的两个数列都是等比数列，其中 $\dfrac{a_{n+2}}{a_n}$

$=q$ 是解题的关键，这种给出数列的形式值得关注。另外，不要以为奇数项、偶数项都成等比数列，且公比相等，就是整个数列成等比数列。解题时要慎重，写出数列的前几项进行观察就可得出正确结论。对等比数列的求和一定要注意其公比为 1 这种特殊情况，高考往往就是在这里人为地设计陷阱使考生产生对而不全的错误。

练 45：设等比数列 $\{a_n\}$ 的公比为 q，前 n 项和 $S_n>0$. 求 q 的取值范围。

答案：$(-1,0)\cup(0,+\infty)$.

易错点 47：在数列求和中对求一等差数列与一等比数列的积构成的数列的前 n 项和时，不会采用错项相减法或解答结果不到位。

例 47：已知数列 $\{a_n\}$ 是等差数列，且 $a_1=2$，$a_1+a_2+a_3=12$.

（1）求数列 $\{a_n\}$ 的通项公式。

（2）令 $b_n=a_nx^n$（$x\in\mathbf{R}$）求数列 $\{b_n\}$ 前项和的公式。

易错点分析：本题根据条件确定数列 $\{a_n\}$ 的通项公式再由数列 $\{b_n\}$ 的通项公式分析可知数列 $\{b_n\}$ 是一个等差数列和一个等比数列构成的"差比数列"，可用错项相减的方法求和。

解析：（1）可求得 $a_n=2n$.

（2）由（1）得 $b_n=2nx^n$，

令 $S_n=2x+4x^2+6x^3+\cdots+2nx^n$　　　　　　　　①

则 $xS_n = 2x^2 + 4x^3 + \cdots + (2n-1)k^n + 2nx^{n+1}$ ②

用①减去②（注意错过一位再相减）得 $(1-x)S_n = 2x + 2x^2 + 3x^2 + \cdots$

$+ 2x^n - 2nx^{n+1}$，当 $x \neq 1$ 时，$S_n = \dfrac{2}{1-x}\left[\dfrac{x(1-x^2)}{1-x} - nx^{n+1}\right]$；当 $x = 1$ 时，$S_n =$

$2 + 4 + 6 + \cdots + 2n = n(n+1)$.

综上可得：

当 $x \neq 1$ 时，$S_n = \dfrac{2}{1-x}\left[\dfrac{x(1-x^2)}{1-x} - nx^{n+1}\right]$；当 $x = 1$ 时，$S_n = 2 + 4 + 6 +$

$\cdots + 2n = n(n+1)$.

> **知识归类点拨**：一般情况下对于数列 $\{c_n\}$ 有 $c_n = a_n b_n$ 其中数列 $\{a_n\}$ 和 $\{b_n\}$ 分别为等差数列和等比数列，则其前 n 项和可通过在原数列的每一项的基础上都乘上等比数列的公比再错过一项相减的方法来求解。实际上课本上等比数列的求和公式就是这种情况的特例。

练 46：（1）已知 $u_n = a^n + a^{n-1}b + a^{n-2}b^2 + \cdots + ab^{n-1} + b^n$（$n \in \mathbf{N}^+$，$a > 0$，$b > 0$）当 $a = b$ 时，求数列 $\{u_n\}$ 的前 n 项和 S_n.

答案：$a \neq 1$ 时 $S_n = \dfrac{(n+1)a^{n+2} - (n+2)a^{n+1} - a^2 + 2a}{(1-a)^2}$；当 $a = 1$ 时 $S_n = \dfrac{n(n+3)}{2}$.

（2）数列 $\{a_n\}$ 满足：$a_n = \begin{cases} (3-a)n - 3 & (n \leqslant 7) \\ a^{n-6} & (n > 7) \end{cases}$ 且 $\{a_n\}$ 是递增数列，则实数 a 的取值范围是（　　）

A. $\left(\dfrac{9}{4}, 3\right)$ B. $\left[\dfrac{9}{4}, 3\right)$

C. $(1, 3)$ D. $(2, 3)$

解析： 根据题意，$a_n = f(n) = \begin{cases} (3-a)\,n-3 & (n \le 7) \\ a^{n-6}, & n > 7 \end{cases}$；

要使 $\{a_n\}$ 是递增数列，必有 $\begin{cases} 3-a > 0 \\ a > 1 \\ (3-a) \times 7 - 3 < a^{8-6} \end{cases}$；

解可得，$2 < a < 3$；

故选：D.

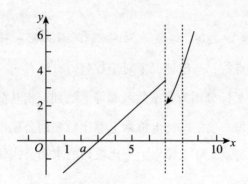

易错点分析： 学生易当成函数的单调性，忘了数列的定义域。

易错点 48： 不能根据数列的通项的特点寻找相应的求和方法，在应用裂项求和方法时对裂项后抵消项的规律不清，导致多项或少项。

例 48： 求 $S_n = \dfrac{1}{1} + \dfrac{1}{1+2} + \dfrac{1}{1+2+3} + \cdots + \dfrac{1}{1+2+3+\cdots+n}$.

易错点分析： 本题解答时，首先若不从通项入手分析各项的特点就很难找到解题突破口；其次在裂项抵消中间项的过程中，对消去哪些项剩余哪些项规律不清而导致解题失误。

解析： 由等差数列的前 n 项和公式得 $1+2+3+\cdots+n = \dfrac{n(n+1)}{2}$，

$\therefore \dfrac{1}{1+2+3+\cdots+n} = \dfrac{2}{n(n+1)} = 2\left(\dfrac{1}{n} - \dfrac{1}{n+1}\right)$，

n 取 1，2，3，…，就分别得到 $\dfrac{1}{1}$，$\dfrac{1}{1+2}$，$\dfrac{1}{1+2+3}$，…，

$$\therefore S_n = 2\left(1-\frac{1}{2}\right)+2\left(\frac{1}{2}-\frac{1}{3}\right)+2\left(\frac{1}{3}-\frac{1}{4}\right)+\cdots+2\left(\frac{1}{n}-\frac{1}{n+1}\right)$$

$$=2\left(1-\frac{1}{n+1}\right)=\frac{2n}{n+1}.$$

知识归类点拨："裂项法"有两个特点，一是每个分式的分子相同；二是每项的分母都是两个（也可三个或更多）数相乘，且这两个数的第一个数是前一项的第二个数，如果不具备这些特点，就要进行转化。同时要明确消项的规律，一般情况下剩余项是前后对称的。常见的变形题除本题外，还有其他形式，例如：求 $\dfrac{1}{1^2+2}+\dfrac{1}{2^2+4}$ $+\dfrac{1}{3^2+6}+\cdots+\dfrac{1}{n^2+2n}$，方法还是抓通项，即 $\dfrac{1}{n^2+2n}=\dfrac{1}{n\,(n+2)}=\dfrac{1}{2}$ $\left(\dfrac{1}{n}-\dfrac{1}{n+2}\right)$，问题会很容易解决。另外还有一些类似"裂项法"的题目，如：$a_n=\dfrac{1}{\sqrt{n}+\sqrt{n+1}}$，求其前 n 项和，可通过分母有理化的方法解决。数列求和的常用方法：公式法，裂项相消法，错位相减法，倒序相加法等。

练 47： 求和 $S_n=\dfrac{2^2+1}{2^2-1}+\dfrac{4^2+1}{4^2-1}+\dfrac{6^2+1}{6^2-1}+\cdots+\dfrac{(2n)^2+1}{(2n)^2-1}$.

答案：$S_n=1+\dfrac{1}{1}-\dfrac{1}{3}+1+\dfrac{1}{3}-\dfrac{1}{5}+1+\dfrac{1}{5}-\dfrac{1}{7}+\cdots+\dfrac{1}{2n-1}-\dfrac{1}{2n+1}=n$ $+\dfrac{2n}{2n+1}$.

易错点 49： 易由特殊性代替一般性，误将必要条件当作充分条件或充要条件使用，缺乏严谨的逻辑思维。

例 49:（2004 年高考数学江苏卷，20）设无穷等差数列 $\{a_n\}$ 的前 n 项和为 S_n.

（1）若首项 $a_1 = \dfrac{3}{2}$，公差 $d=1$，求满足 $S_{k^2} = (S_k)^2$ 的正整数 k.

（2）求所有的无穷等差数列 $\{a_n\}$，使得对于一切正整数 k 都有 $S_{k^2} = (S_k)^2$ 成立。

易错点分析: 本小题主要考查数列的基本知识，以及运用数学知识分析和解决问题的能力。学生在解第（2）问时极易根据条件"对于一切正整数 k 都有 $S_{k^2} = (S_k)^2$ 成立"这句话将 k 取两个特殊值确定出等差数列的首项和公差，但没有认识到求解出的等差数列仅是对已知条件成立的必要条件，但不是条件成立的充分条件。还应进一步由特殊到一般。

解析:（1）当 $a_1 = \dfrac{3}{2}$，$d=1$ 时，$S_n = na_1 + \dfrac{n(n-1)}{2}d = \dfrac{3}{2}n + \dfrac{n(n-1)}{2}$

$= \dfrac{1}{2}n^2 + n$.

由 $S_{k^2} = (S_k)^2$，得 $\dfrac{1}{2}k^4 + k^2 = \left(\dfrac{1}{2}k^2 + k\right)^2$，即 $k^3\left(\dfrac{1}{4}k - 1\right) = 0$ 又 $k \neq 0$，所以 $k = 4$.

（2）设数列 $\{a_n\}$ 的公差为 d，则在 $S_{n^2} = (S_k)^2$ 中分别取 $k=1$，2，得

$$\begin{cases} S_1 = (S_1)^2 \\ S_4 = (S_2)^2 \end{cases}，即 \begin{cases} a_1 = a_1^2 & ① \\ 4a_1 + \dfrac{4\times3}{2}d = \left(2a_1 + \dfrac{2\times1}{2}d\right)^2 & ② \end{cases}$$

由①得 $a_1 = 0$ 或 $a_1 = 1$. 当 $a_1 = 0$ 时，代入②得，$d=0$ 或 $d=6$，

若 $a_1 = 0$，$d=0$，则 $a_n = 0$，$S_n = 0$，从而 $S_k = (S_k)^2$ 成立，

若 $a_1 = 0$，$d=6$，则 $a_n = 6(n-1)$，由 $S_3 = 18$，$(S_3)^2 = 324$，$S_n = 216$ 知 $S_9 \neq (S_3)^2$ 故所得数列不符合题意。当 $a_1 = 1$ 时，代入②得 $4 + 6d = (2+d)^2$，解得 $d=0$ 或 $d=2$.

若 $a = 1$，$d=0$，则 $a_n = 1$，$S_n = n$，从而 $S_k^2 = (S_k)^2$ 成立；

若 $a_1=1$，$d=2$，则 $a_n=2n-1$，$S_n=1+3+\cdots+(2n-1)=n^2$，从而 $S_k{}^2=(S_k)^2$ 成立。

综上，共有 3 个满足条件的无穷等差数列：

① $\{a_n\}$：$a_n=0$，即 0，0，0，…；② $\{a_n\}$：$a_n=1$，即 1，1，1，…；
③ $\{a_n\}$：$a_n=2n-1$，即 1，3，5，…。

> **知识归类点拨**：事实上，"条件中使得对于一切正整数 k 都有 $S_{k2}=(S_k)^2$ 成立"就等价于关于 k 的方程的解是一切正整数又转化为关于 k 的方程的各项系数同时为零。于是本题也可采用方程等价转化的思想解答，这样做就能避免因忽视充分性的检验而犯下的逻辑错误。在上述解法中一定要注意这种特殊与一般的关系。

练 48：（1）已知数列 $\{c_n\}$，其中 $c_n=2^n+3^n$，且数列 $\{c_{n+1}-pc_n\}$ 为等比数列，求常数 p.

答案：$p=2$ 或 $p=3$（提示可令 $n=1$，2，3 根据等比中项的性质建立关于 p 的方程，再说明 p 值对任意自然数 n 都成立）

（2）若 $\{a_n\}$ 是等差数列，其中 $a_1>0$，$a_{2019}+a_{2020}>0$，$a_{2019}a_{2020}<0$，则前 n 项和 $S_n>0$ 的最大的自然数 $n=$ _____

易错点分析：学生易判断出 $a_{2019}>0$，$a_{2020}<0$，但对 S_n 的公式应用易填 4037。

解析：可得 $a_{2019}>0$，$a_{2020}<0$，

$a_1+a_{4037}=2a_{2019}$，$a_1+a_{4038}=a_{2019}+a_{2020}>0$，

$S_{4037}=\dfrac{4037}{2}(a_1+a_{4037})=4037a_{2019}>0$，$S_{4038}=\dfrac{4038}{2}(a_1+a_{4038})=4038$

$(a_{2019}+a_{2020})>0$，$S_{4039}<0$，

所以填 4038.

（3）若第（2）问条件不变，则前 n 项和 S_n 最大的自然数 $n = $ _____

解析： 可得 $a_{2019} > 0$，$a_{2020} < 0$ 项和 S_n 最大，则答案填 2019.

易错点 50： 求 $S_n > 0$ 的最大 n，容易弄成求 S_n 的最大值。

例 50： 已知数列 $\{a_n\}$ 为等差数列，其前 n 项和为 S_n，且 $1 + \dfrac{a_{11}}{a_{10}} < 0$，若 S_n 存在最大值，则满足 $S_n > 0$ 的 n 的最大值为 _____

解析： 由 $1 + \dfrac{a_{11}}{a_{10}} < 0$，可得：$\dfrac{a_{11} + a_{10}}{a_{10}} < 0$，数列 $\{a_n\}$ 的前 n 项和为 S_n 有最大值时 $d < 0$.

∴ $a_{10} > 0$，$a_{10} + a_{11} < 0$，因此 $a_{11} < 0$，

∴ $a_1 + a_{19} = 2a_{10} > 0$，$a_1 + a_{20} = a_{10} + a_{11} < 0$，

∴ 满足 $S_n > 0$ 的 n 的最大值为 19.

故答案为 19.

易错点 51： 数列中涉及 n 的奇偶性讨论缺失。

例 51： 设数列 $\{a_n\}$ 为递增数列，且 $a_1 = 0$，$f_n(x) = \left| \sin \dfrac{1}{n}(x - a_n) \right|$，$x \in [a_n, a_{n+1}]$（$n$ 正整数）。若对于任意的 $b \in [0, 1)$，$f_n(x) = b$，总有两个不同的根。

（1）试写出 $y = f_1(x)$，并求出 a_2；

（2）求 $a_{n+1} - a_n$，并求出 $\{a_n\}$ 的通项公式；

（3）设 $S_n = a_1 - a_2 + \cdots + (-1)^{n-1}a_n$，求 S_n.

易错点分析： 对题目中"对于任意的 $b \in [0, 1)$，$f_n(x) = b$，总有两个不同的根"，不会将文字语言转化成数学语言。第（3）问中涉及 $(-1)^{n-1}$ 忽略了分类讨论中常用的奇偶分析。

解析：（1）$f_1(x) = |\sin(x - a_1)| = |\sin x|$，$x \in [0, a_2]$，又 ∵ $|\sin x| = $

$b, b \in [0, 1)$，总有两个不同的实根，

$\therefore a_2 = \pi$，且 $f_1(x) = \sin x$，$x \in [0, \pi]$．

(2) $a_n = \dfrac{n(n-1)\pi}{2}$．

(3) 当 $n = 2k$ 时 $S_n = a_1 - a_2 + \cdots + a_{2k-1} - a_{2k} = -\pi - 3\pi - \cdots - (2k-1)$

$\pi = -k^2\pi = -\dfrac{n^2}{4}\pi$

当 $n = 2k+1$ 时 $S_n = a_1 - a_2 + \cdots + a_{2k-1} - a_{2k} + a_{2k+1}$

$= -k^2\pi - + \dfrac{(2k+1)\,2k}{2}\pi = k(k+1)\pi = \dfrac{(n^2-1)\pi}{4}$

$\therefore S_n = \begin{cases} \dfrac{n^2}{4}\pi & n \text{ 为偶数} \\[3mm] \dfrac{(n^2-1)\pi}{4} & n \text{ 为奇数} \end{cases}$

知识归类点拨：

数列中常见的分类讨论：数列中关于 a_n 与 S_n 的关系问题，等比数列公比问题，n 的奇偶性讨论，分段数列讨论，a_n 的单调性讨论和绝对值讨论等。

引起分类讨论的原因主要是以下几方面：（1）问题所涉及的数学概念是分类进行定义的。如 $|a|$ 的定义为 $a > 0$，$a = 0$，$a < 0$ 三种情况。这种分类讨论题型可以称为概念型。（2）问题中涉及的数学定理、公式和运算性质、法则，有范围或者条件限制，或者是分类给出的。如等比例的前 n 项和的公式，分 $q = 1$ 和 $q \neq 1$ 两种情况。这种分类讨论题型可以称为性质型。

（3）解含有参数的题目时，必须根据参数的不同取值范围进行讨论。如解不等式 $ax > 2$ 时分 $a > 0$，$a = 0$ 和 $a < 0$ 三种情况讨论。这种称为含参型。

（4）某些不确定的数量，不确定的图形的形状和位置，不确定的结论等，主要通过分类讨论，保证其完整性，使之具有确定性。

练 49：已知常数 $a \neq 0$，数列 $\{a_n\}$ 的前 n 项和为 S_n，$a_1 = 1$，$a_n = \dfrac{S_n}{n} + a$ $(n-1)$.

（1）求数列 $\{a_n\}$ 的通项公式。

（2）若 $b_n = 3^n + (-1)^n a_n$，且 $\{b_n\}$ 是递增数列，求实数 a 的取值范围。

答案：（1）$a_n = 1 + 2a(n-1)$；（2）$-4 < a < \dfrac{8}{3}$.

第六节 立体几何

易错或易混淆概念：

57. 有关平行垂直的证明主要利用线面关系的转化：线∥线⇔线∥面⇔面∥面，线⊥线⇔线⊥面⇔面⊥面，垂直常用向量来证。

58. 作出二面角的平面角主要方法是什么？（定义法，三垂线法）三垂线法：一定平面，二作垂线，三作斜线，射影可见。

59. 二面角的求法主要有：解直角三角形，余弦定理，射影面积法，法向量。

60. 求点到面的距离的常规方法是什么？（直接法，等体积变换法，法向量法）

61. 你记住三垂线定理及其逆定理了吗？

62. 有关球面上两点的球面距离的求法主要是找球心角，常常与经度及纬度联系在一起，你还记得经度及纬度的含义吗？（经度是面面角；纬度是线面角）

63. 你还记得简单多面体的欧拉公式吗？（$V + F - E = 2$，其中 V 为顶点数，E 是棱数，F 为面数）；棱的两种算法，你还记得吗？（①多面体每面为 n 边形，则 $E = \dfrac{nF}{2}$；②从多面体每个顶点起始有 m 条棱，则 $E = \dfrac{mV}{2}$）

易错点 52：立体图形的截面问题。

例 52：（2005 哈师大附中，东北师大附中高三第二次联考）正方体 $ABCD-A_1B_1C_1D_1$，E，F 分别是 AA_1，CC_1 的中点，p 是 CC_1 上的动点（包括端点），过 E，D，P 作正方体的截面，若截面为四边形，则 P 的轨迹是（　　）

    A. 线段 C_1F

    B. 线段 CF

    C. 线段 CF 和一点 C_1

    D. 线段 C_1F 和一点 C

易错点分析：学生的空间想象能力不足，不能依据平面的基本定理和线面平行定理作两平面的交线。

解析：如图 1 当点 P 在线段 CF 上移动时，易由线面平行的性质定理知：直线 DE 平行于平面 BB_1C_1，则过 DE 的截面 DEP 与平面 BB_1CC_1 的交线必平行，因此两平面的交线为过点 P 与 DE 平行的直线，由于点 P 在线段 CF 上，故此时过 P 与 DE 平行的直线与直线 BB_1 的交点在线段 BB_1 上，故此时截面为四边形（实质上是平行四边形）。特别地，当 P 点恰为点 F 时，此时截面为 $DEFB_1$，也为平行四边形，当点 P 在线段 C_1F 上时，如图分别延长 DE，DP 交 A_1D_1，D_1C_1 于点 H，G 则据平面基本定理知，点 H，G 既在平截面 DEP 内，也在平面 $A_1B_1C_1D_1$ 内，故 GH 为两平面的交线。连接 GH 分别交 A_1B_1，B_1C_1 于点 K，N（注也有可能交在两直线的延长线上），再分别连接 EK，KN，PN 即得截面为 $DEKNP$，此时为五边形。故选 C.

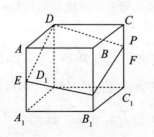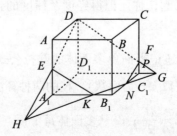

图 1

　　知识归类点拨：高考对用一平面去截一立体图形所得平面图形的考查，实质上是对学生空间想象能力及对平面基本定理及线面平行与面面平行的性质定理的考查。考生往往对这一类型的题感到吃力，实质上高中阶段作截面的方法无非有如下两种：一种是利用平面的基本定理：一条直线上有两点在一平面内，则这条直线上所在的点都在这平面内和两平面相交有且仅有一条通过该公共点的直线（即交线）（注意该定理的应用，如证明诸线共点的方法：先证明其中两线相交，再证明此交点在第三条直线上即转化为此点为两平面的公共点而第三条直线是两平面的交线，则依据定理知交点在第三条直线；诸点共线：证明诸点都是某两平面的公共点即转化为这些点在两平面的交线上）。据这两种定理要作两平面的交线可在两平面内通过空间想象分别取两组直线分别相交，则其交点必为两平面的公共点，并且两交点的连线即为两平面的交线。另一种方法就是依据线面平行及面面平行的性质定理，去寻找线面平行及面面平行关系，然后根据性质作出交线。一般情况下这两种方法要结合应用。

　　练50：（1）正方体 $ABCD - A_1B_1C_1D_1$ 中，P，Q，R，分别是 AB，AD，B_1C_1 的中点。那么正方体的过 P，Q，R 的截面图形是（　　　）

A. 三角形　　　　　　　　B. 四边形

C. 五边形　　　　　　　　D. 六边形

答案：D.

（2）在正三棱柱 $ABC - A_1B_1C_1$ 中，P，Q，R 分别是 BC，CC_1，A_1C_1 的中点，作出过三点 P，Q，R 截正三棱柱的截面并说出该截面的形状。

答案：五边形。（图略）

易错点 53：判断过空间一点与两异面直线成相等的角的直线的条数。

例 53：如果异面直线 a，b 所成的角为 $50°$，P 为空间一定点，则过点 P 与 a，b 所成的角都是 $30°$ 的直线有几条？

A. 一条　　　　　　　B. 二条

C. 三条　　　　　　　D. 四条

易错点分析：对过点 P 与两异面直线成相等的角的直线的位置关系空间想象不足，不明确与两直线所成的角与两异面直线所成的角的内在约束关系。

解析：如图 2，过点 P 分别作 a，b 的平行线 a'，b'，则 a'，b' 所成的角也为 $50°$，即过点 P 与 a'，b' 成相等的角的直线必与异面直线 a，b 成相等的角，由于过点 P 的直线 l 与 a'，b' 成相等的角，故这样的直线 l 在 a'，b' 确定的平面的射影在其角平分线上，则此时必有 $\cos \angle APB = \cos \angle APO \cos \angle OPC$，当 $\angle BPC = 50°$ 时，有 $\cos \angle APO = \dfrac{\cos 30°}{\cos 25°} \in (0, 1)$，此时这样的直线存在且有两条；当 $\angle BPC = 130°$ 时，有 $\cos \angle APO = \dfrac{\cos 30°}{\cos 65°}$，这样的直线不存在。故选 B.

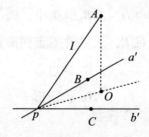

图 2

知识归类点拨：解决异面直线所成角的问题关键是定义，基本思想是平移；同时对本题来说，也是解决与两异面直线所成等角的直线条数，将两异面直线平移到空间一点时，一方面考虑在平面内和两相交直线成等角的直线即角平分线是否满足题意；另一方面要思考在空间中与一平面内两相交直线成等角的直线条数，此时关键是搞清平面外的直线与平面内的直线所成的角 θ 与平面内的直线与平面外的直线在平面内的射影所成的角 α 的关系，由公式 $\cos\theta = \cos\alpha\cos\beta$（其中 β 是直线与平面所成的角）易知 $\cos\theta < \cos\alpha \Rightarrow \theta > \alpha$，$\cos\theta < \cos\beta \Rightarrow \theta > \beta$（最小角定理）。故一般地，若异面直线 a，b 所成的角为 θ，l 与 a，b 所成的角均为 φ，据上式有如下结论：当 $0 < \varphi < \dfrac{\theta}{2}$ 时，这样的直线不存在；当 $\varphi = \dfrac{\pi}{2}$ 时，这样的直线只有一条；当 $\dfrac{\theta}{2} < \varphi < \dfrac{\pi-\theta}{2}$ 时，这样的直线有两条；当 $\varphi = \dfrac{\pi-\theta}{2}$ 时，这样的直线有三条；当 $\dfrac{\pi-\theta}{2} < \varphi < \dfrac{\pi}{2}$ 时，这样的直线有四条。

练 51：如果异面直线 a，b 所成的角为 $80°$，P 为空间一定点，则过点 P 与 a，b 所成的角都是 $50°$ 的直线有几条？

A. 一条 　　　　　　　B. 二条

C. 三条 　　　　　　　D. 四条

答案：C.

易错点 54：有关线面平行的证明问题中，对定理的理解不够准确，往往忽视"$a \not\subset \alpha$，$a \parallel b$，$b \subset \alpha$"三个条件中的某一个。

例 54：*PA* 垂直于矩形 *ABCD* 所在的平面，*M*，*N* 分别为 *AB*，*PC* 的中点。求证：*MN* // 平面 *PAD*.

易错点分析：在描述条件中，容易忽视 $AE \subset$ 面 *PAD*，$MN \not\subset$ 面 *PAD*.

解析：取 *PD* 中点 *E*，连接 *AE*，*EN*，则有 EN // CD // AB，$AEN = \frac{1}{2}CD = \frac{1}{2}AB = AM$.

∴ *AMEN* 为平行四边形，

∴ *MN* // *AE*.

$AE \subset$ 面 *PAD*，$MN \not\subset$ 面 *PAD*

∴ *MN* // 面 *PAD*.

> **知识归类点拨**：判定直线与平面平行的主要依据是判定定理。它是通过线线平行来判定线面平行。这里所指的直线是指平面外的一条直线与平行于平面内的一条直线。在应用该定理证线面平行时，这三个条件缺一不可。

练 52：如图 3，在三棱锥 $P-ABC$ 中，$AB \perp BC$，$AB = BC = kPA$，点 *O*，*D* 分别为 *AC*，*PC* 的中点，$OP \perp$ 平面 *ABC*. 求证：*OD* // 平面 *PAB*.

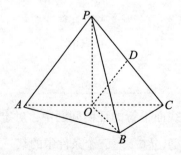

图 3

证明：∵ O，D 分别为 AC，PC 的中点，

∴ $OD /\!/ PA$，

又 $PA \subset$ 平面 PAB，

$OD \not\subset$ 平面 PAB，

∴ $OD /\!/$ 平面 PAB.

易错点 55：对于两个平面平行的判定定理易把条件误记为"一个平面内的两条相交直线与另一个平面内的两条相交直线分别平行"，容易导致证明过程跨度太大。

例 55：如图 4，在正方体 $ABCD - A_1B_1C_1D_1$ 中，M，N，P 分别是 C_1C，B_1C_1，C_1D_1 的中点。

求证：平面 $MNP /\!/$ 平面 A_1BD.

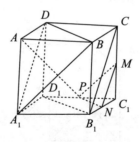

图4

易错点分析：本题容易证得 $MN /\!/ A_1D$，$NP /\!/ BD$，而直接由此得出面 MNP $/\!/$ 面 A_1BD.

解析：连接 B_1D_1，B_1C，∵ P，N 分别是 D_1C_1，B_1C_1 的中点，

∴ $PN /\!/ B_1D_1$，$B_1D_1 /\!/ BD$，

∴ $PN /\!/ BD$，

又 $PN \not\subset$ 面 A_1BD，

∴ $PN /\!/$ 平面 A_1BD，

同理：$MN /\!/$ 平面 A_1BD，又 $PN \cap MN = N$，

∴ 平面 $DMN /\!/$ 平面 A_1BD.

知识归类点拨： 两个平面平行问题的判定或证明是将其转化为一个平面内的直线与另一个平面平行的问题，即"线面平行则面面平行"，必须注意这里的"线面"是指一个平面内的两条相交直线和另一个平面，定理中的条件缺一不可。

练53： 如图5，正方体 $ABCD-A_1B_1C_1D_1$ 中，M，N 分别是棱 A_1B_1，A_1D_1 的中点，E，F 分别是棱 B_1C_1，C_1D_1 的中点。

求证：（1）E，F，B，D 共面。

（2）平面 $AMN /\!/$ 平面 $EFDB$.

（3）平面 $AB_1D_1 /\!/$ 平面 C_1BD.

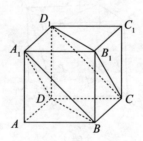

图 5

证明：（1）$\because EF /\!/ B_1D_1$，$B_1D_1 /\!/ BD$，

∴ $EF /\!/ BD$，则 E，F，B，D 共面。

（2）易证：$MN /\!/ EF$，设 $A_1C_1 \cap MN = P$，$A_1C_1 \cap EF = Q$，$AC \cap BD = O$.

$\because PQ /\!/ AO$，$PQ = AO$，

∴ $PA /\!/ OQ$.

∴ 平面 $AMN /\!/$ 平面 $EFDB$.

（3）连接 AC，

$\because ABCD - A_1B_1C_1D_1$ 为正方体，

$\therefore AC \perp DB.$

$\because AA_1 \perp$ 平面 $ABCD$，

$\therefore A_1C \perp DB.$

同理可证 $A_1C \perp BC_1$，于是得 $A_1C \perp$ 平面 C_1BD，同理可证 $A_1C \perp$ 平面 ABD_1.

$\therefore$ 面 $AB_1D_1 /\!/$ 面 $C_1BD.$

易错点 56： 求异面直线所成的角，若所成角为 $90°$，容易忽视用证明垂直的方法来求夹角大小这一重要方法。

例 56： 在正三棱柱 $ABC - A_1B_1C_1$ 中，若 $AB = \sqrt{2}BB_1$，则 AB_1 与 C_1B 所成角的大小为（　　）

A. $60°$　　　　　　　　　　B. $90°$

C. $105°$　　　　　　　　　D. $75°$

易错点分析： 忽视垂直的特殊求法导致方法使用不当而浪费很多时间。

解析： 如图 6，D_1，D 分别为 B_1C_1，BC 中点，连接 AD，D_1C，设 $BB_1 = 1$，则 $AB = \sqrt{2}$，则 AD 为 AB_1 在平面 BC_1 上的射影。又 $BE = \dfrac{\sqrt{3}}{3}$，$BD = \dfrac{\sqrt{2}}{2}$，

$\cos\angle C_1BC = \dfrac{BC}{BC_1} = \dfrac{\sqrt{2}}{\sqrt{3}}$，

$\therefore DE^2 = BE^2 + BD^2 - 2BE \cdot BD \cdot \cos\angle C_1BC = \dfrac{1}{3} + \dfrac{1}{2} - 2 \cdot \dfrac{\sqrt{3}}{3} \cdot \dfrac{\sqrt{2}}{2} \cdot \dfrac{\sqrt{2}}{\sqrt{3}} = \dfrac{1}{6}$，而 $BE^2 + DE^2 = \dfrac{1}{3} + \dfrac{1}{6} = \dfrac{1}{2} = BD^2$，

$\therefore \angle BED = 90°.$

$\therefore AB_1$ 与 C_1B 垂直。

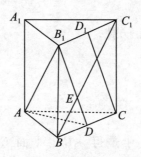

图6

知识归类点拨：求异面直线所成的角、直线与平面所成的角和二面角时，对特殊的角，如 $90°$ 时，可以采用证明垂直的方法来求之。

练54：设 M，N 是直角梯形 $ABCD$ 两腰的中点，$DE \perp AD$ 于点 E，如图7，现将 $\triangle ADE$ 沿 DE 折起，使二面角 $A-DE-B$ 为 $45°$，此时点 A 在平面 $BCDE$ 内的射影恰为点 B，则 M，N 的连线与 AE 所成的角的大小等于_____

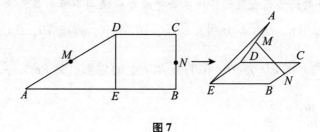

图7

解析：易知 $\angle AEB = 45°$，$\angle ABE = 90°$，

$\therefore AB = BE$，取 AE 中点 Q，连接 MQ，BQ，

$\because MQ \parallel DE$，$MQ = \dfrac{1}{2}DE$，$DE \parallel BC$，$DE = BC$，N 为 BC 的中点，

$\therefore MQ \parallel BN$，$MQ = BN$，

$\therefore BQ \parallel MN.$

$\because BQ \perp AE$,

$\therefore MN \perp AE$，即 M，N 连线与 AE 成 90° 角。

易错点 57：在求异面直线所成角、直线与平面所成的角以及二面角时，容易忽视各自所成角的范围而出现错误。

例 57：如图 8，在棱长为 1 的正方体 $ABCD - A_1B_1C_1D_1$ 中，M，N，P 分别为 A_1B_1，BB_1，CC_1 的中点。求异面直线 D_1P 与 AM，CN 与 AM 所成的角。

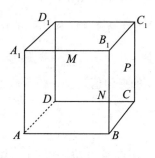

图 8

易错点分析：异面直线所成角的范围是 $\theta \in (0°, 90°]$，在利用余弦定理求异面直线所成角时，若出现角的余弦值为负值，错误地得出异面直线所成的角为钝角，此时应转化为正值求出相应的锐角才是异面直线所成的角。

解析：如图 8，连接 A_1N，由 N，P 为 BB_1，CC_1 中点，则 $PN /\!/ A_1D_1$，$PN = A_1D_1$，从而 $A_1N /\!/ D_1P$，故 AM 和 D_1P 所成的角为 AM 和 D_1P 所成的角。

易证 $\mathrm{Rt}\triangle AA_1M \cong \mathrm{Rt}\triangle A_1B_1N$. 所以 $A_1N \perp AM$，故 D_1P 与 AM 所成的角为 90°.

又设 AB 的中点为 Q，则 $B_1Q /\!/ AM$，$B_1Q = AM$. 又 $\because CN /\!/ B_1P$，$CN = B_1P$，从而 CN 与 AM 所成的角就是 $\angle PB_1Q$（或其补角）。

易求得 $B_1Q = B_1P = \dfrac{\sqrt{5}}{2}$，$PQ = \dfrac{\sqrt{6}}{2}$. 在 $\triangle PB_1Q$ 中，由余弦定理得 $\cos\angle PB_1Q$

$= \dfrac{\sqrt{2}}{5}$，故 CN 与 AM 所成的角为 $\arccos\dfrac{\sqrt{2}}{5}$.

知识归类点拨：在历届高考中，求夹角是不可缺少的重要题型之一。要牢记各类角的范围，两条异面直线所成的角的范围：$0° < \alpha \leq 90°$；直线与平面所成角的范围：$0° \leq \alpha \leq 90°$；二面角的平面角的取值范围：$0° \leq \alpha \leq 180°$. 同时在用向量求解两异面直线所成的角时，要注意两异面直线所成的角与两向量的夹角的联系与区别。

练 55：已知平行六面体 $ABCD - A_1B_1C_1D_1$ 中，底面 $ABCD$ 是边长为 1 的正方形，侧棱 AA_1 的长为 2，且侧棱 AA_1 和 AB 与 AD 的夹角都等于 $120°$，

（1）求对角线 AC_1 的长。

（2）求直线 BD_1 与 AC 的夹角值。

答案：（1）$\sqrt{2}$.

（2）$\arccos \dfrac{\sqrt{3}}{3}$ （提示采用向量方法，以 $\overrightarrow{AA_1}$，$\overrightarrow{AB}$，$\overrightarrow{AD}$，为一组基底，求得 $\cos \langle \overrightarrow{BD_1}, \overrightarrow{AC} \rangle = \dfrac{\sqrt{3}}{3}$，故两异面直线所成的角的余弦值为 $\dfrac{\sqrt{3}}{3}$）。

易错点 58：对于经度和纬度两个概念，经度是二面角，纬度为线面角，二者容易混淆。

例 58：如图 9，在北纬 $45°$ 的纬线圈上有 A，B 两点，它们分别在东经 $70°$ 与东经 $160°$ 的经度上，设地球的半径为 R，求 A，B 两点的球面距离。

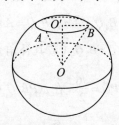

图 9

易错点分析：求 A，B 两点的球面距离，主要是求 A，B 两点的球心角的大小，正确描述纬线角和经度角是关键。

解析：设北纬45°圈的圆心为 O'，地球中心为 O，则 $\angle AO'B = 160° - 70° = 90°$，$\angle OBO_1 = 45°$，$OB = R$，$O'B = O'A = \dfrac{\sqrt{2}}{2}R$，$AB = R$，连接 A，O，则 $AO = OB = AB$，$\therefore \angle AOB = \dfrac{\pi}{3}$.

$$\therefore AB = \frac{1}{6} 2\pi R = \frac{1}{3}\pi R.$$

故 A，B 两点间的球面距离为 $\dfrac{1}{3}\pi R$.

知识归类点拨：数学上，某点的经度是：经过这点的经线与地轴确定的平面与本初子午线（0°经线）和地轴确定的半平面所成的二面角的度数。某点的纬度是：经过这点的球半径与赤道面所成的角的度数。如下图：

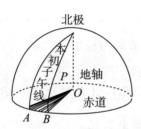 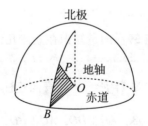

图左：经度——P 点的经度，也是 $\overset{\frown}{AB}$ 或 $\angle AOB$ 的度数。

图右：纬度——P 点的纬度，也是 $\overset{\frown}{PB}$ 或 $\angle POB$ 的度数。

练56：设地球的半径为 R，若甲地位于东经120°北纬45°，乙地位于东经120°南纬75°，则甲，乙两地的球面距离为（　　　）

A. $\sqrt{3}R$　　　　　　　　　　B. $\dfrac{\pi}{6}R$

C. $\dfrac{5\pi}{6}R$ D. $\dfrac{2\pi}{3}R$

答案：D.

解析：如图 10 所示，东经 120° 与北纬 45° 线交于 A 点，东经 120° 与南纬 75° 线交于 D 点，设球心为 B 点从而 $\angle ABC = 45°$，$\angle DBC = 75°$，即 $\angle ABD = 120°$，以 B 点为圆心过 A，C，D 的大圆上 $\overset{\frown}{ACD}$ 即为所求。$\overset{\frown}{ACD} = 2\pi R \times \dfrac{120°}{360°} = \dfrac{2\pi}{3}R$.

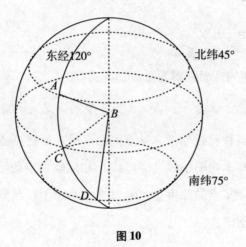

图 10

易错点 59：向量知识在立体几何方面的应用。

例 59：如图 11 所示，在直四棱柱 $ABCD - A_1B_1C_1D_1$ 中，$AB = AD = 2$，$DC = 2\sqrt{3}$，$AA_1 = \sqrt{3}$，$AD \perp DC$，$AC \perp BD$，垂足为 E.

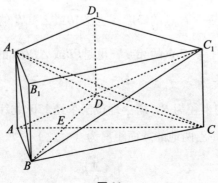

图 11

（1）求证：$BD \perp A_1C$.

（2）求二面角 $A_1 - BD - C_1$ 的大小。

（3）求异面直线 AD 与 BC_1 所成角的大小。

易错点分析：本题主要考查学生运用向量法中的坐标运算的方法来解决立体几何问题。学生在解题中一方面不能根据条件建立恰当的空间坐标系；另一方面建系后学生不能正确找到点的坐标，或者没有运用向量知识解决问题的意识。

解析：解法一：（1）在直四棱柱 $ABCD - A_1B_1C_1D_1$ 中，

$\because A_1A \perp$ 底面 $ABCD$，

$\therefore AC$ 是 A_1C 在平面 $ABCD$ 上的射影。

$\because BD \perp AC$，

$\therefore BD \perp A_1C$.

（2）连接 A_1E，C_1E，A_1C_1.

与（1）同理可证 $BD \perp A_1E$，$BD \perp C_1E$，

$\therefore \angle A_1EC_1$ 为二面角 $A_1 - BD - C_1$ 的平面角。

$\because AD \perp DC$，

$\therefore \angle A_1D_1C_1 = \angle ADC = 90°$.

又 $A_1D_1 = AD = 2$，$D_1C_1 = DC = 2\sqrt{3}$，$AA_1 = \sqrt{3}$，且 $AC \perp BD$，

$\therefore A_1C_1 = 4$，$AE = 1$，$EC = 3$，

$\therefore A_1E = 2$，$C_1E = 2\sqrt{3}$.

在 $\triangle A_1EC_1$ 中，$A_1C_1^2 = A_1E^2 + EC_1^2$，

$\therefore \angle A_1EC_1 = 90°$即二面角 $A_1 - BD - C_1$ 的大小为 $90°$.

（3）过点 B 作 $BF /\!/ AD$ 交 AC 于点 F，连接 FC_1，则 $\angle C_1BF$ 就是 AD 与 BC_1 所成的角。

$\because AB = AD = 2$，$BD \perp AC$，$AE = 1$，

$\therefore BF = 2$，$EF = 1$，$FC = 2$，$BC = DC$，

$\therefore FC_1 = \sqrt{7}$，$BC_1 = \sqrt{15}$。在 $\triangle BFC_1$ 中，$\cos\angle C_1BF = \dfrac{15+4-7}{2\times 2\ \sqrt{15}} = \dfrac{\sqrt{15}}{5}$，

$\therefore \angle C_1BF = \arccos\dfrac{\sqrt{15}}{5}$。

即异面直线 AD 与 BC_1 所成角的大小为 $\arccos\dfrac{\sqrt{15}}{5}$。

解法二：（1）同解法一。

（2）如图 12 所示，以 D 为坐标原点，DA，DC，DD_1 所在直线分别为 x 轴、y 轴、z 轴，建立空间直角坐标系，连接 A_1E，C_1E，A_1C_1 与（1）同理可证，$BD\perp A_1E$，$BD\perp C_1E$，

$\therefore \angle A_1EC_1$ 为二面角 $A_1 - BD - C_1$ 的平面角。

由 A_1（2，0，$\sqrt{3}$），C_1（0，$2\sqrt{3}$，$\sqrt{3}$），$E\left(\dfrac{3}{2},\dfrac{\sqrt{3}}{2},0\right)$ 得 $\overrightarrow{EA_1} = \left(\dfrac{1}{2},\dfrac{\sqrt{3}}{2},\sqrt{3}\right)$，$\overrightarrow{EC_1} = \left(-\dfrac{3}{2},\dfrac{3\sqrt{3}}{2},\sqrt{3}\right)$，

$\therefore \overrightarrow{EA_1}\cdot\overrightarrow{EC_1} = -\dfrac{3}{4} - \dfrac{9}{4} + 3 = 0$。

$\therefore \overrightarrow{EA_1}\perp\overrightarrow{EC_1}$，即 $EA_1 \perp EC_1$。

$\therefore$ 二面角 $A_1 - BD - C_1$ 的大小为 $90°$。

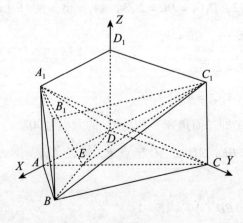

图 12

（3）如图 12 所示，由

D $(0，0，0)$，A $(2，0，0)$，C_1 $(0，2\sqrt{3}，\sqrt{3})$，B $(3，\sqrt{3}，0)$，

得 $\overrightarrow{AD} = (-2，0，0)$，$\overrightarrow{BC_1} = (-3，\sqrt{3}，\sqrt{3})$．

$\therefore \cos < \overrightarrow{AD}，\overrightarrow{BC_1} > = \dfrac{\overrightarrow{AD} \cdot \overrightarrow{BC_1}}{|\overrightarrow{AD}| |\overrightarrow{BC_1}|} = \dfrac{6}{2\sqrt{15}} = \dfrac{\sqrt{15}}{5}.$

$\therefore$ 异面直线 AD 与 BC_1 所成角的大小为 $\arccos \dfrac{\sqrt{15}}{5}$．

解法三：（1）同解法一。

（2）如图 13，建立空间直角坐标，坐标原点为 E.

连接 A_1E，C_1E，A_1E_1，与（1）同理可证，$BD \perp A_1E$，$BD \perp C_1E$，

$\therefore \angle A_1EC_1$ 为二面角 $A_1 - BD - C_1$ 的平面角。

由 E $(0，0，0)$，A_1 $(0，-1，\sqrt{3})$，C_1 $(0，3，\sqrt{3})$．

得 $\overrightarrow{EA} = (0，-1，\sqrt{3})$，$\overrightarrow{EC_1} = (0，0，\sqrt{3})$．

$\because \overrightarrow{EA_1} \cdot \overrightarrow{EC_1} = -3 + 3 = 0$，

$\therefore \overrightarrow{EA_1} \cdot \overrightarrow{EC_1}$，即 $EA_1 \perp EC_1$．

$\therefore$ 二面角 $A_1 - BD - C_1$ 的大小为 $90°$

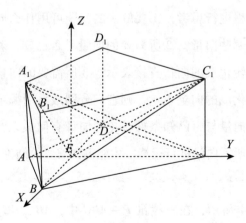

图13

（3）如图 13，由 $A(0, -1, 0)$，$D(-\sqrt{3}, 0, 0)$，$B(\sqrt{3}, 0, 0)$，$C_1(0, 3, \sqrt{3})$.

得 $\overrightarrow{AD} = (-\sqrt{3}, -1, 0)$，$\overrightarrow{BC_1} = (-\sqrt{3}, 3, \sqrt{3})$.

$\because \overrightarrow{AD_1} \cdot \overrightarrow{BC_1} = 3 + 3 = 6$，$|\overrightarrow{AD}| = 2$，$|\overrightarrow{BC_1}| = \sqrt{15}$，

$\therefore \cos<\overrightarrow{AD}, \overrightarrow{BC}> = \dfrac{\overrightarrow{AD_1} \cdot \overrightarrow{BC_1}}{|\overrightarrow{AD}||\overrightarrow{BC_1}|} = \dfrac{6}{2\sqrt{15}} = \dfrac{\sqrt{15}}{5}$.

$\therefore$ 异面直线 AD 与 BC_1 所成角的大小为 $\arccos \dfrac{\sqrt{15}}{5}$.

> **知识归类点拨**：解决关于向量问题时，一要善于运用向量的平移、伸缩、合成、分解等变换，正确地进行向量的各种运算，加深对向量的本质的认识。二是向量的坐标运算体现了数与形的互相转化和密切结合的思想。向量的数量积常用于有关向量相等、两向量垂直、射影、夹角等问题中。常用向量的直角坐标运算来证明向量的垂直和平行问题；利用向量的夹角公式和距离公式求解空间两条直线的夹角和两点间距离的问题。用空间向量解决立体几何问题一般可按以下过程进行思考：①要解决的问题可用什么向量知识来解决？需要用到哪些向量？②所需要的向量是否已知？若未知，是否可用已知条件转化成的向量直接表示？③所需要的向量若不能直接用已知条件转化成的向量表示，则它们分别最易用哪个未知向量表示？这些未知向量与由已知条件转化的向量有何关系？④怎样对已经表示出来的所需向量进行运算，才能得到需要的结论？

练 57：如图 14 所示，在三棱锥 $P-ABC$ 中，$AB \perp BC$，$AB = BC = kPA$，点 O，D 分别是 AC，PC 的中点，$OP \perp$ 底面 ABC.

（1）求证 $OD /\!/$ 平面 PAB；

（2）当 $k = \dfrac{1}{2}$ 时，求直线 PA 与平面 PBC 所成角的大小；

（3）当 k 取何值时，O 在平面 PBC 内的射影恰好为 $\triangle PBC$ 的重心？

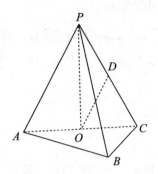

图 14

答案：

方法一：（1）∵ O，D 分别为 AC，PC 的中点．

∴ $OD /\!\!/ PA$．

又 $PA \subset$ 平面 PAB，

∴ $OD /\!\!/$ 平面 PAB．

（2）∵ $AB \perp BC$，$OA = OC$，

∴ $OA = OB = OC$．

又∵ $OP \perp$ 平面 ABC，

∴ $PA = PB = PC$．

取 BC 中点 E，连接 PE，则 $BC \perp$ 平面 POE．

作 $OF \perp PE$ 于点 F，连接 DF，则 $OF \perp$ 平面 PBC，

∴ $\angle ODF$ 是 OD 与平面 PBC 所成的角。

又 $OD /\!\!/ PA$，

∴ PA 与平面 PBC 所成角的大小等于 $\angle ODF$．

在 Rt$\triangle ODF$ 中，$\sin \angle ODF = \dfrac{OF}{OD} = \dfrac{\sqrt{210}}{30}$

$\therefore PA$ 与平面 PBC 所成的角为 $\arcsin \dfrac{\sqrt{210}}{30}$.

（3）由（2）知，$OF \perp$ 平面 PBC，

$\therefore F$ 是 O 在平面 PBC 内的射影。

$\because D$ 是 PC 的中点，若点 F 是 $\triangle PBC$ 的重心，则 B，F，D 三点共线，

$\therefore$ 直线 OB 在平面 PBC 内的射影为直线 BD.

$\because OB \perp PC$，

$\therefore PC \perp BD$，

$\therefore PB = BC$，即 $k = 1$.

反之，当 $k = 1$ 时，三棱锥 $O-PBC$ 为正三棱锥，

$\therefore O$ 在平面 PBC 内的射影为 $\triangle PBC$ 的重心。

方法二：$\because OP \perp$ 平面 ABC，$OA = OC$，$AB = BC$，

$\therefore OA \perp OB$，$OA \perp OP$，$OB \perp OP$.

以 O 为原点，射线 OP 为非负 z 轴，建立空间直角坐标系 $O-xyz$（图 15），

设 $AB = a$，则 $A\left(\dfrac{\sqrt{2}}{2}a,\ 0,\ 0\right)$，$B\left(0,\ \dfrac{\sqrt{2}}{2}a,\ 0\right)$，$C\left(-\dfrac{\sqrt{2}}{2}a,\ 0,\ 0\right)$. 设 $OP = h$，，则 $P\ (0,\ 0,\ h)$.

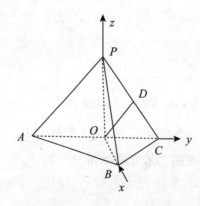

图 15

(1) $\because D$ 为 PC 的中点,

$\therefore \overrightarrow{OD} = \left(-\dfrac{\sqrt{2}}{4}a,\ 0,\ \dfrac{1}{2}h \right)$, 又 $\overrightarrow{PA} = \left(\dfrac{\sqrt{2}}{2}a,\ 0,\ -h \right)$,

$\therefore \overrightarrow{OD} = -\dfrac{1}{2}\overrightarrow{PA}.$

$\therefore \overrightarrow{OD} /\!/ \overrightarrow{PA}.$

$\therefore OD /\!/$ 平面 $PAB.$

(2) $\because k = \dfrac{1}{2}$, 即 $PA = 2a$,

$\therefore h = \sqrt{\dfrac{7}{2}}a$,

$\therefore \overrightarrow{PA} = \left(-\dfrac{\sqrt{2}}{2}a,\ 0,\ -\sqrt{\dfrac{7}{2}}a \right).$

可求得平面 PBC 的法向量 $\vec{n} = \left(1,\ -1,\ \sqrt{\dfrac{1}{7}} \right)$,

$\therefore \cos <\overrightarrow{PA},\ \vec{n}> = \dfrac{\overrightarrow{PA} \cdot \vec{n}}{\overrightarrow{PA} \cdot |\vec{n}|} = \dfrac{\sqrt{210}}{30}.$

设 PA 与平面 PBC 所成的角为 θ, 则 $\sin\theta = |\cos<\overrightarrow{PA},\ \vec{n}>| = \dfrac{\sqrt{210}}{30}$,

$\therefore PA$ 与平面 PBC 所成的角为 $\arcsin \dfrac{\sqrt{210}}{30}.$

(3) $\triangle PBC$ 的重心 $G\left(-\dfrac{\sqrt{2}}{6}a,\ \sqrt{\dfrac{2}{6}}a,\ \dfrac{1}{3}h \right)$,

$\therefore \overrightarrow{OG} = \left(-\dfrac{\sqrt{2}}{6}a,\ \sqrt{\dfrac{2}{6}}a,\ \dfrac{1}{3}h \right).$

$\therefore OG \perp$ 平面 $PBC.$

$\therefore \overrightarrow{OG} \perp \overrightarrow{PB}.$ 又 $\overrightarrow{PB} = \left(0,\ \dfrac{\sqrt{2}}{2}a,\ -h \right).$

$\therefore \overrightarrow{OG} \cdot \overrightarrow{PB} = \dfrac{1}{6}a^2 - \dfrac{1}{3}h^2 = 0.$

$\therefore h = \dfrac{\sqrt{2}}{2}a.$

$\therefore PA = \sqrt{OA^2 + h^2} = a$，即 $k = 1$，反之，当 $k = 1$ 时，三棱椎 $O\text{--}PBC$ 为正三棱锥。

$\therefore O$ 在平面 PBC 内的射影为 $\triangle PBC$ 的重心。

易错点 60：常见几何体的体积计算公式，特别是棱锥、球的体积公式，容易忽视公式系数，导致出错。

例 60：（2003 年天津理 12）棱长为 a 的正方体中，连接相邻面的中心，以这些线段为棱的八面体的体积为（　　　）

A. $\dfrac{a^3}{3}$ B. $\dfrac{a^3}{4}$

C. $\dfrac{a^3}{6}$ D. $\dfrac{a^3}{12}$

易错点分析：正确地分析图形，采用割补法。

解析：如图 16 所示，此八面体可以分割为两个正四棱锥，而 $AB^2 = \left(\dfrac{a}{2}\right)^2 + \left(\dfrac{a}{2}\right)^2 = \dfrac{a^2}{2}$，

$\therefore V_{八面体} = \dfrac{1}{3} \cdot \dfrac{1}{2}a^2 \cdot a = \dfrac{1}{6}a^3$，故选 C.

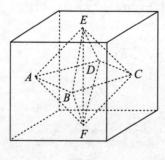

图 16

练 58：如图 17 所示，在四棱锥 $P-ABCD$ 中，底面 $ABCD$ 为矩形，$AB=8$，$AD=4\sqrt{3}$，侧面 PAD 为等边三角形，并且与底面所成二面角为 60°. 求四棱锥 $P-ABCD$ 的体积。

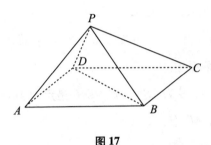

图 17

解析：如图 17 所示，取 AD 的中点 E，连接 PE，则 $PE\perp AD.$ 作 $PO\perp$ 平面 $ABCD$，垂足为 O，连接 $OE.$

根据三垂线定理的逆定理得 $OE\perp AD$，所以 $\angle PEO$ 为侧面 PAD 与底面所成二面角的平面角。由已知条件可知 $\angle PEO=60°$，所以 $PO=3\sqrt{3}$，四棱锥 $P-ABCD$ 的体积 $V_{P-ABCD}=\dfrac{1}{3}\times 8\times 4\sqrt{3}\times 3\sqrt{3}=96.$

例 61：如图 18 所示，已知正三棱锥 $P-ABC$ 的体积为 $72\sqrt{3}$，侧面与底面所成的二面角的大小为 60°.

（1）证明 $PA\perp BC$；

（2）求底面中心 O 到侧面的距离。

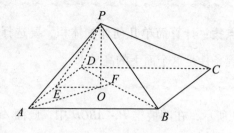

图 18

解析：（1）证明：取 BC 边的中点 D，连接 AD，PD，则 $AD \perp BC$，$PD \perp BC$，故 $BC \perp$ 平面 APD，$\therefore PA \perp BC$.

（2）解：如图 18，由（1）可知平面 $PBC \perp$ 平面 APD，则 $\angle PDA$ 是侧面与底面所成二面角的平面角。

过点 O 作 $OE \perp PD$，E 为垂足，则 OE 就是点 O 到侧面的距离，设 OE 为 h，由题意可知点 O 在 AD 上，

$\therefore \angle PDO = 60°$，$OP = 2h$.

$\therefore OD = \dfrac{2h}{\sqrt{3}}$，

$\therefore BC = 4h$，

$\therefore S_{\triangle ABC} = \dfrac{\sqrt{3}}{4}(4h)^2 = 4\sqrt{3}h^2$.

$\therefore 72\sqrt{3} = \dfrac{1}{3} \cdot 4\sqrt{3}h^2 \cdot 2h = \dfrac{8\sqrt{3}}{3}h^3$，

$\therefore h = 3$. 即底面中心 O 到侧面的距离为 3.

知识归类点拨：求点到平面的距离一般由该点向平面引垂线，确定垂足，转化为解三角形求边长；或者利用空间向量表示点到平面的垂线段，设法求出该向量，转化为计算向量的模；也可借助体积公式利用等积求高。

练 **59**：如图 19 所示，直三棱柱 $ABC - A_1B_1C_1$ 中，底面是等腰直角三角形，$\angle ACB = 90°$，侧棱 $AA_1 = 2$，D，E 分别是 CC_1 与 A_1B 的中点，点 E 在平面 ABD 上的射影是 $\triangle ABD$ 的垂心 G.

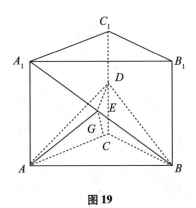

图 19

（1）求 A_1B 与平面 ABD 所成角的大小（结果用反三角函数值表示）。

（2）求点 A_1 到平面 AED 的距离。

解析：如图 20 所示，连接 BG，则 BG 是 BE 在面 ABD 上的射影，即 $\angle EBG$ 是 A_1B 与平面 ABD 所成的角。

（1）设 F 为 AB 中点，连接 EF，FC，

$\because D$，E 分别是 CC_1，A_1B 的中点，又 $DC \perp$ 平面 ABC，

$\therefore CDEF$ 为矩形，连接 DE，G 是 $\triangle ADB$ 的重心，

$\therefore G \in DF$. 在直角三角形 EFD 中

$$EF^2 = FG \cdot FD = \frac{1}{3}FD^2,$$

$\because EF = 1$，

$\therefore FD = \sqrt{3}$，

于是 $ED = \sqrt{2}$，$EG = \dfrac{1 \times \sqrt{2}}{\sqrt{3}} = \dfrac{\sqrt{6}}{3}$.

$\because FC = CD = \sqrt{2}$，

$\therefore AB = 2\sqrt{2}$，$A_1B = 2\sqrt{3}$，$EB = \sqrt{3}$.

$$\therefore \sin \angle EBG = \frac{EG}{EB} = \frac{\sqrt{6}}{3} \cdot \frac{1}{\sqrt{3}} = \frac{\sqrt{2}}{3}.$$

$\therefore A_1B$ 与平面所成的角是 $\arcsin \frac{\sqrt{2}}{3}$.

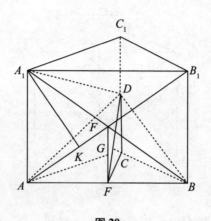

图 20

（2）连接 A_1D，有 $V_{A_1-AED} = V_{D-AA_1E}$

$\because ED \perp AB$，$ED \perp EF$，又 $EF \cap AB = F$，

$\therefore ED \perp$ 平面 A_1AB，设 A_1 到平面 AED 的距离为 h，

则 $S_{\triangle AED} \cdot h = S_{\triangle A_1AB} \cdot ED$

$\therefore h = \frac{2\sqrt{6}}{3}$. 故 A_1 到平面 AED 的距离为 $\frac{2\sqrt{6}}{3}$.

易错点 62： 二面角平面角的求法，主要有定义法，三垂线法，垂面法等。

例 62： 如图 21 所示，在正三棱柱 $ABC - A_1B_1C_1$ 中，已知 $AA_1 = A_1C_1 = a$，E 为 BB_1 的中点，若截面 $A_1EC \perp$ 侧面 AC_1. 求截面 A_1EC 与底面 $A_1B_1C_1$ 所成锐二面角度数。

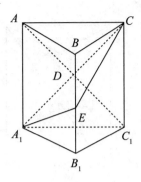

图 21

解析：方法一：∵ 截面 $A_1EC \cap$ 侧面 $AC_1 = A_1C.$ 连接 AC_1，在正三棱柱 $ABC - A_1B_1C_1$ 中，$AA_1 = A_1C_1 \Rightarrow AA_1C_1C$ 是正方形 $\Rightarrow AC_1 \perp A_1C,$

∴ $AC_1 \perp$ 截面 A_1EC，又 ∵ $AA_1 \perp$ 面 $A_1B_1C_1 \Rightarrow AA_1$ 与 AC_1 所成的 $\angle A_1AC_1$ 的度数就是所求二面角的度数。易得 $\angle A_1AC_1 = 45°$，故所求二面角的度数是 $45°$.

方法二：如图 22 所示，延长 CE 与 C_1B_1 交于点 F，连接 AF，则截面 A_1EC $\cap$ 面 $A_1B_1C_1 = AF.$

∵ $EB_1 \perp$ 面 $A_1B_1C_1$，

∴ 过 B_1 作 $B_1G \perp A_1F$ 交 A_1F 于点 $G.$

连接 EG，由三垂线定理知 $\angle EGB_1$ 就是所求二面角的平面角。

∵ $EB_1 \underset{=}{\parallel} \dfrac{1}{2}CC_1 \Rightarrow B_1F = B_1C_1 = a$，

又 ∵ $B_1F = A_1B_1$，$\angle A_1B_1F = 120°$，易得 $GB_1 = \dfrac{1}{2}a.$ 在 Rt$\triangle EB_1G$ 中，$\tan\theta$

$= \dfrac{EB_1}{GB_1} = 1$，

∴ $\theta = 45°.$

即所求二面角的度数为 $45°.$

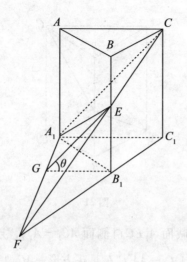

图 22

知识归类点拨：二面角平面角的作法。（1）垂面法：是指根据平面角的定义，作垂直于棱的平面，通过这个平面和二面角两个面的交线得出平面角；（2）垂线法：是指在二面角的棱上取一特殊点，过此点在二面角的两个半平面内作两条射线垂直于棱，则此两条射线所成的角即为二面角的平面角；（3）三垂线法：是指利用三垂线定理或逆定理作出平面角。

练 60：如图 23 所示，已知直三棱柱 $ABC-A_1B_1C_1$，侧棱长为 2，底面 $\triangle ABC$ 中，$\angle B = 90°$，$AB = 1$，$BC = \sqrt{3}$，D 是侧棱 CC_1 上一点，且 BD 与底面所成角为 30°.

（1）求点 D 到 AB 所在直线的距离。

（2）求二面角 $A_1 - BD - B_1$ 的度数。

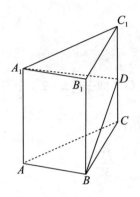

图 23

解析：（1）$\because CC_1 \perp$ 面 ABC，$\angle B = 90°$，

$\therefore DB \perp AB$，

$\therefore DB$ 的长是点 D 到 AB 所在直线的距离，

$\angle DBC$ 是 BD 与底面所成的角，即 $\angle DBC = 30°$.

$\because BC = \sqrt{3}$，

$\therefore BD = \dfrac{BC}{\cos \angle DBC} = \dfrac{\sqrt{3}}{\cos 30°} = 2.$

（2）过 B_1 作 $B_1E \perp BD$ 于点 E，连接 A_1E，

$\because BB_1 \perp AB$，$AB \perp BC$，且 $BB_1 \cap BC = B$，

$\therefore AB \perp$ 平面 BCC_1B_1.

$\because A_1B_1 \text{//} AB$，

$\therefore A_1B_1 \perp$ 平面 BCC_1B_1.

$\because B_1E \perp BD$，

$\therefore A_1E \perp BD$，即 $\angle A_1EB_1$ 是面 A_1BD 与面 BDC_1B_1 所成二面角的平面角。连

接 B_1D.

$\because BC = \sqrt{3}$，$BD = 2$，

$\therefore CD = 1.$

$\because CC_1 = 2$，

$\therefore D$ 为 CC_1 的中点

$\therefore S_{\triangle BDB_1} = \dfrac{1}{2} S_{BCC_1B_1}$

$\therefore \dfrac{1}{2} B_1 E \cdot BD = \dfrac{1}{2} BC \cdot CC_1$ 即 $\dfrac{1}{2} B_1 E \cdot 2 = \dfrac{1}{2} \sqrt{3} \cdot 2$.

$\therefore B_1 E = \sqrt{3}$，在 $\mathrm{Rt} \triangle A_1 B_1 E$ 中。

$\therefore \tan \angle A_1 E B_1 = \dfrac{A_1 B_1}{B_1 E} = \dfrac{1}{\sqrt{3}} = \dfrac{\sqrt{3}}{3}$，

$\therefore \angle A_1 E B_1 = \arctan \dfrac{\sqrt{3}}{3} = \dfrac{\pi}{6}$.

易错点 63：二面角平面角的求法，主要有定义法，三垂线法，垂面法等。学生对所有棱长之和为定值 a 易忽略。

例 63：在正三棱柱 $ABC - A_1B_1C_1$（底面是正三角形，侧棱垂直于底面的棱柱）中。所有棱长之和为定值 a. 若正三棱柱 $ABC - A_1B_1C_1$ 的顶点都在球 O 的表面上，则当正三棱柱侧面积取得最大值 24 时，该球的表面积为（　　）

A. $4\sqrt{3}\pi$ 　　　　　　　　　　B. $\dfrac{32}{3}\pi$

C. 12π 　　　　　　　　　　　D. $\dfrac{64}{3}\pi$

解析：设棱柱的高为 h，底面三角形边长为 x，

则 $6x + 3h = a$，$S_{侧} = 3xh$，即 $(xh)_{\max} = 8$，

$\because 6x + 3h = a \geqslant 2\sqrt{6x \cdot 3h}$，当且仅当 $6x = 3h$ 时，等号成立，

即 $6x = 3h$，此时 $a = 24$，

$\because R^2 = \left(\dfrac{x}{\sqrt{3}}\right)^2 + \left(\dfrac{h}{2}\right)^2 = \dfrac{4}{3} + \dfrac{16}{4} = \dfrac{16}{3}$，

所以答案选 D.

第七节　平面解析几何

易错或易混淆概念：

64. 设直线方程时，一般可设直线的斜率为 k，你是否注意到直线垂直于 x 轴时，斜率 k 不存在的情况？（例如：一条直线经过点 $\left(-3,-\dfrac{3}{2}\right)$，且被圆 $x^2+y^2=25$ 截得的弦长为 8，求此弦所在直线的方程。该题就要注意，不要漏掉 $x+3=0$ 这一解。）

65. 定比分点的坐标公式是什么？（起点、中点、分点以及 λ 值可要搞清）

线段的定比分点坐标公式：

设 $P\ (x,\ y)$，$P_1\ (x_1,\ y_1)$，$P_2\ (x_2,\ y_2)$，且 $\overrightarrow{P_1P}=\lambda\ \overrightarrow{PP_2}$，则

$$\begin{cases} x=\dfrac{x_1+\lambda x_2}{1+\lambda} \\ y=\dfrac{y_1+\lambda y_2}{1+\lambda} \end{cases} \text{中点坐标公式} \begin{cases} x=\dfrac{x_1+x_2}{2} \\ y=\dfrac{y_1+y_2}{2} \end{cases}$$

若 $A(x_1,y_1)$，$B(x_2,y_2)$，$C(x_3,y_3)$，则 $\triangle ABC$ 的重心 G 的坐标是 $\left(\dfrac{x_1+x_2+x_3}{3},\dfrac{y_1+y_2+y_3}{3}\right)$.

66. 在利用定比分点解题时，你注意到 $\lambda\neq-1$ 了吗？

67. 在解析几何中，研究两条直线的位置关系时，有可能这两条直线重合，而在立体几何中一般提到的两条直线可以理解为它们不重合。

68. 直线方程的几种形式：点斜式，斜截式，两点式，截矩式，一般式。以及各种形式的局限性。（如点斜式不适用于斜率不存在的直线）

69. 对不重合的两条直线 $l_1 : A_1x + B_1y + C_1 = 0$, $l_2 : A_2x + B_2y + C_2 = 0$, 有

$$l_1 /\!/ l_2 \Leftrightarrow \begin{cases} A_1B_2 = A_2B_1 \\ A_1C_2 \neq A_2C_1 \end{cases} ; \ l_1 \perp l_2 \Leftrightarrow A_1A_2 + B_1B_2 = 0 .$$

70. 直线在坐标轴上的截矩可正可负，也可为 0.

71. 直线在两坐标轴上的截距相等，直线方程可以理解为 $\dfrac{x}{a} + \dfrac{y}{b} = 1$, 但不要忘记当 $a = 0$ 时，直线 $y = kx$ 在两条坐标轴上的截距都是 0，也是截距相等。

72. 两直线 $Ax + By + C_1 = 0$ 和 $Ax + By + C_2 = 0$ 的距离公式 $d = $ _____

73. 直线的方向向量还记得吗？直线的方向向量与直线的斜率有何关系？当直线 l 的方向向量为 $\overrightarrow{m} = (x_0 , y_0)$ 时，直线斜率 $k = $ _____ ；当直线斜率为 k 时，直线的方向向量 $\overrightarrow{m} = $ _____

74. 到角公式及夹角公式，何时用？

75. 处理直线与圆的位置关系有两种方法： （1）点到直线的距离；（2）直线方程与圆的方程联立，判别式。一般来说，前者更简捷。

76. 处理圆与圆的位置关系，可用两圆的圆心距与半径之间的关系。

77. 在圆中，注意利用半径、半弦长及弦心距组成的直角三角形，并且要更多联想到圆的几何性质。

78. 在利用圆锥曲线统一定义解题时，你是否注意到定义中的定比的分子分母的顺序？两个定义常常结合使用，有时对我们解题有很大的帮助，有关过焦点弦问题用第二定义可能更为方便。〔焦半径公式：椭圆：$|PF_1| = $ ____；$|PF_2| = $ ____；双曲线：$|PF_1| = $ ____；$|PF_2| = $ ____ （其中 F_1 为左焦点，F_2 为右焦点）；抛物线：$|PF| = |x_0| + \dfrac{p}{2}$〕.

79. 在用圆锥曲线与直线联立求解时，对消元后得到的方程要注意：二次

项的系数是否为零？判别式 $\Delta \geqslant 0$ 的限制。（求交点，弦长，中点，斜率，对称，存在性问题都在 $\Delta > 0$ 下进行）。

80. 椭圆中，a，b，c 的关系为 _____；离心率 $e =$ _____；准线方程为 _____；焦点到相应准线距离为 _____。双曲线中，a，b，c 的关系为 _____；离心率 $e =$ _____；准线方程为 _____；焦点到相应准线距离为 _____

81. 通径是抛物线的所有焦点弦中最短的弦。

82. 你知道吗？解析几何中解题关键就是把题目中的几何条件代数化，特别是一些很不起眼的条件，有时起着关键的作用，如：点在曲线上，相交，共线，以某线段为直径的圆经过某点，夹角，垂直，平行，中点，角平分线，中点弦问题等。圆和椭圆参数方程不要忘，有时在解决问题时很方便。数形结合是解几何问题的重要思想方法，要记得画图分析哟！

83. 你注意到了吗？求轨迹与求轨迹方程有区别的。求轨迹方程可别忘了求范围呀！

84. 在解决有关线性规划应用问题时，有以下几个步骤：先找约束条件，作出可行域，明确目标函数，其中关键就是要搞清目标函数的几何意义，找可行域时要注意把直线方程中的 y 的系数变为正值。如：$2 < 5a - 2b < 4$，$-3 < 3a + b < 3$，$a + b$ 的取值范围，但也可以不用线性规划。

易错点 64：易忽视对方程的种类进行讨论而主观地误认为方程就是二次方程，只利用判别式解答。

例 64：已知双曲线 $x^2 - y^2 = 4$，直线 $y = k (x-1)$，讨论直线与双曲线公共点的个数。

解析：联立方程组 $\begin{cases} y = k (x-1) \\ x^2 - y^2 = 4 \end{cases}$ 消去 y 得到 $(1 - k^2) x^2 + 2k^2 x - k^2 - 4 = 0$

（1）当 $1 - k^2 = 0$ 时，即 $k \pm 1$，方程为关于 x 的一次方程，此时方程组只有一个解，即直线与双曲线只有一个交点。

（2）当 $\begin{cases} 1-k^2 \neq 0 \\ \Delta = 4(4-3k^2) = 0 \end{cases}$ 时，即 $k = \pm\dfrac{2\sqrt{3}}{3}$，方程组只有一个解，故直线与双曲线只有一个交点。

（3）当 $\begin{cases} 1-k^2 \neq 0 \\ \Delta = 4(4-3k^2) > 0 \end{cases}$ 时，方程组有两个交点，此时 $-\dfrac{2\sqrt{3}}{3} < k < \dfrac{2\sqrt{3}}{3}$ 且 $k \neq \pm 1$.

（4）当 $\begin{cases} 1-k^2 \neq 0 \\ \Delta = 4(4-3k^2) < 0 \end{cases}$ 时，即 $k > \dfrac{2\sqrt{3}}{3}$ 或 $k < -\dfrac{2\sqrt{3}}{3}$，方程组无解，此时直线与双曲线无交点。

综上可知，当 $k \neq \pm 1$ 或 $k = \pm\dfrac{2\sqrt{3}}{3}$ 时，直线与双曲线只有一个交点，当 $-\dfrac{2\sqrt{3}}{3} < k < \dfrac{2\sqrt{3}}{3}$ 且 $k \neq \pm 1$ 时，直线与双曲线有两个交点，当 $k > \dfrac{2\sqrt{3}}{3}$ 或 $k < -\dfrac{2\sqrt{3}}{3}$ 时，方程组无解，此时直线与双曲线无交点。

知识归类点拨：判断直线与双曲线的位置关系有两种方法：一种代数方法即判断方程组解的个数对应于直线与双曲线的交点个数；另一种方法借助于渐近线的性质利用数形结合的方法解答。并且这两种方法的对应关系，如上题中的第一种情况对应于直线与双曲线的渐近线平行，此时叫作直线与双曲线相交但只有一个公共点，通过这一点也说明直线与双曲线只有一个公共点是直线与双曲线相切的必要但不充分条件。第二种情况对应于直线与双曲线相切。通过本题可以加深体会这种数与形的统一。

易错点 65：用判别式判定方程解的个数（或交点的个数）时，易忽略讨论二次项的系数是否为 0. 尤其是直线与圆锥曲线相交时更易忽略。

练 61：（1）已知椭圆 C_1 的方程为 $\dfrac{x^2}{4} + y^2 = 1$，双曲线 C_2 的左右焦点分别为 C_1 的左右顶点，而 C_2 的左右顶点分别是 C_1 的左右焦点。

① 求双曲线的方程。

② 若直线 $l: y = kx + \sqrt{2}$ 与椭圆 C_1 及双曲线 C_2 恒有两个不同的交点，且与 C_2 的两个交点 A 和 B 满足 $\overrightarrow{OA} \cdot \overrightarrow{OB} < 6$，其中 O 为原点，求 k 的取值范围。

答案：① $\dfrac{x^2}{3} - y^2 = 1$.

② $\left(-1, \ -\sqrt{\dfrac{13}{15}} \right) \cup \left(-\dfrac{\sqrt{3}}{3} - \dfrac{1}{2} \right) \cup \left(\dfrac{1}{2}, \ \dfrac{\sqrt{3}}{3} \right) \cup \left(\dfrac{13}{15}, \ 1 \right)$.

（2）已知双曲线 $C: x^2 - \dfrac{y^2}{4} = 1$，过点 P（1，1）作直线 l，使 l 与 C 有且只有一个公共点，则满足上述条件的直线 l 共有 _____。

答案：4 条（可知 k_l 存在时，令 $l: y - 1 = k(x - 1)$ 代入 $x^2 - \dfrac{y^2}{4} = 1$ 中整理有 $(4 - k^2)x^2 + 2k(k - 1)x - (1 - k^2) - 4 = 0$，∴当 $4 - k^2 = 0$ 即 $k = \pm 2$ 时，有一个公共点；当 $k \neq \pm 2$ 时，由 $\Delta = 0$ 有 $k = \dfrac{5}{2}$，有一个切点；另：当 k_l 不存在时，$x = 1$ 也和曲线 C 有一个切点。综上，共有 4 条满足条件的直线）

易错点 66：解析几何与向量的数量积的性质，如涉及模、夹角等的结合。

例65：已知椭圆 C：$\dfrac{x^2}{4}+\dfrac{y^2}{2}=1$ 上动点 P 到定点 M（m，0），其中 $0<m$ <2 的距离 $|PM|$ 的最小值为 1.

（1）请确定 M 点的坐标。

（2）是否存在经过 M 点的直线 l，使 l 与椭圆 C 的两个交点 A，B 满足条件 $|\overrightarrow{OA}+\overrightarrow{OB}|=|\overrightarrow{AB}|$（$O$ 为原点），若存在，求出 l 的方程；若不存在，请说明理由。

易错点分析：此题解题关键是由条件 $|\overrightarrow{OA}+\overrightarrow{OB}|=|\overrightarrow{AB}|$ 知 $\overrightarrow{OA}\cdot\overrightarrow{OB}=0$ 从而将条件转化点的坐标运算，再结合韦达定理解答。

解析：（1）设 P（x，y），由 $\dfrac{x^2}{4}+\dfrac{y^2}{2}=1$ 得 $y^2=2\left(1-\dfrac{x^2}{4}\right)$，故 $|PM|^2=$ $(x-m)^2+2\left(1-\dfrac{x^2}{4}\right)=\dfrac{1}{2}(x-m)^2+2-m^2$，由于 $0<m<0$ 且 $-2\leqslant x\leqslant2$，故 当 $0\leqslant2m\leqslant2$ 时，$|PM|^2$ 的最小值为 $2-m^2=1$，此时 $m=1$，当 $2<2m<4$ 时，$x=2$ 时取得最小值 $2-4m+m^2+2=1$，解得 $m=1$ 或 3 不合题意舍去。综上 所知当 $m=1$ 时满足题意，此时 M 的坐标为（1，0）.

（2）由题意知条件 $|\overrightarrow{OA}+\overrightarrow{OB}|=|\overrightarrow{AB}|$ 等价于 $\overrightarrow{OA}\cdot\overrightarrow{OB}=0$，当 l 的斜率 不存在时，l 与 C 的交点为 $\left(1,\ \pm\dfrac{\sqrt{6}}{2}\right)$，此时 $\overrightarrow{OA}\cdot\overrightarrow{OB}\neq0$，设 l 的方程为 $y=k$ $(x-1)$，代入椭圆方程整理得 $(1+2k^2)x^2-4k^2x+2k^2-4=0$，由于点 M 在 椭圆内部，故 $\Delta>0$ 恒成立，由 $\overrightarrow{OA}\cdot\overrightarrow{OB}=0$ 知 $x_1x_2+y_1y_2=0$ 即 $(1+k^2)x_1x_2$ $-k^2(1+x_2)+k^2=0$，据韦达定理得 $x_1+x_2=\dfrac{4k^2}{1+2k^2}$，$x_1x_2=\dfrac{2k^2-4}{1+2k^2}$，代入 上式得 $(1+k^2)(2k^2-4)-k^2\times4k^2+k^2(1+2k^2)=0$，得 $k^2=-4$. 不合题 意。综上知这样的直线不存在。

　　知识归类点拨：在解题过程中要注意将以向量给出的条件转化为向量的坐标运算，从而与两交点的坐标联系起来才能应用韦达定理建立起关系式。此题解答具有很强的示范性，请同学们认真体会，融会贯通。

　　练62：已知椭圆的焦点在 x 轴上，中心在坐标原点，以右焦点 F_2 为圆心，过另一焦点 F_1 的圆被右准线所截的两段弧长之比为 $2:1$，$P(\sqrt{2},1)$ 为此平面上一定点，且 $\overrightarrow{PF_1} \cdot \overrightarrow{PF_2} = 1$.

　　（1）求椭圆的方程。

　　（2）若直线 $y = kx + 1$（$k > 0$）与椭圆交于两点 A，B，令 $f(x) = \overrightarrow{AB} \cdot \overrightarrow{F_1F_2}$（$k > 0$）．求函数 $f(x)$ 的值域。

　　答案：（1）$\dfrac{x^2}{4} + \dfrac{y^2}{2} = 1$.

　　（2）$(0,8)$.

　　易错点67：直线与双曲线的位置关系可通过分析直线方程与渐近线方程的位置关系，也可以通过判别式联立直线方程与双曲线方程。两种方法往往会忽视一些特殊情形。

　　例66：过点 $(0,3)$ 作直线 l，如果它与双曲线 $\dfrac{x^2}{4} - \dfrac{y^2}{3} = 1$ 只有一个公共点，则直线 l 的条数是（　　）

　　A. 1　　　　B. 2　　　　C. 3　　　　D. 4

　　易错点分析：在探讨直线与双曲线的位置关系时，可以考虑直线方程与双曲线方程的解的情况，但容易忽视直线与渐近线平行的特殊情况，这时构成的方程是一次的。

　　解析：用数形结合的方法：过点 $(0,3)$ 与双曲线只有一个公共点的直线分两类。一类是平行于渐近线的，有两条；一类是与双曲线相切的有两条。如图1所示，故选 D.

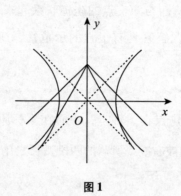

图1

练63：过点 $P(2,3)$ 向圆 $x^2+y^2-2x-2y+1=0$ 作切线，则切线方程为_____

易错点分析：未能判断点在圆外，切线有两条，忽略了斜率不存在那一条。

解析：当斜率不存在时，此时切线方程为 $x=2$；当斜率存在时，设切线方程为 $y-3=k(x-2)$，即 $\dfrac{|2-k|}{\sqrt{1+2^2}}=1$，解得 $k=\dfrac{3}{4}$；所以切线方程为 $3x-4y+6=0$ 或 $x-2=0$.

易错点68：直线斜率横纵坐标混淆。

练64：设点 $A(-2,3)$，$B(3,1)$，若直线 $ax+y+2=0$ 与线段 AB 有交点，则 a 的取值范围是（   ）

A. $\left(-\infty,-\dfrac{5}{2}\right] \cup [1,\infty)$

B. $\left(-1,\dfrac{5}{2}\right)$

C. $\left(-\dfrac{5}{2},1\right)$

D. $(-\infty, -1) \cup \left(\dfrac{5}{2}, +\infty\right)$

解析：$\because$ 点 A $(-2, 3)$，B $(3, 1)$，若直线 $ax + y + 2 = 0$ 与线段 AB 有交点，而直线 AB 经过定点 M $(0, -2)$，且它的斜率为 $-a$.

$\therefore$ $-a \geqslant K_{MB}$，或 $-a \leqslant K_{MA}$，即 $-a \geqslant \dfrac{1+2}{3-0} = 1$，或 $-a \leqslant \dfrac{3+2}{-2-0} = -\dfrac{5}{2}$，求得 $a \leqslant -1$，或 $a \geqslant \dfrac{5}{2}$，

故选：D.

易错点 69：文字语言转化为数学语言，图像语言能力欠缺。

练 65：若 x，a，b 为任意实数，且 $(a+2)^2 + (b-3)^2 = 1$，则 $(x-a)^2 + (\ln x - b)^2$ 的最小值为（　　）

A. $3\sqrt{2}$ 　　　　　　　　　　B. 18

C. $3\sqrt{2} - 1$ 　　　　　　　　D. $19 - 6\sqrt{2}$

易错点分析：常见代数式的意义向几何意义转化能力欠缺，处理两条曲线上动点距离最值问题缺少数形结合思想的渗透。

解析：$(a+2)^2 + (b-3)^2 = 1$，可得 (a, b) 在以 $(-2, 3)$ 为圆心，以 1 为半径的圆上，$(x-a)^2 + (\ln x - b)^2$ 表示点 (a, b) 与点 $(x, \ln x)$ 的距离的平方。

又 $(x, \ln x)$ 在曲线 $y = \ln x$ 上，设曲线 $y = \ln x$ 上一点为 $(m, \ln m)$.

设过点 $(m, \ln m)$ 的切线与点 $(m, \ln m)$ 与 $(-2, 3)$ 的连线垂直。

可得 $\dfrac{\ln m - 3}{m + 2} \cdot \dfrac{1}{m} = -1$，即有 $\ln m + m^2 + 2m = 3$.

由 $f(m) = \ln m + m^2 + 2m$ 在 $m > 0$ 递增，且 $f(1) = 3$，可得切点为 $(1, 0)$.

圆心与切点的距离为 $d = \sqrt{(1+2)^2 + (0-3)^2} = 3\sqrt{2}$.

可得 $(x-a)^2 + (\ln x - b)^2$ 的最小值为 $(3\sqrt{2}-1)^2 = 19 - 6\sqrt{2}$，选 D.

知识归类点拨：两条曲线上动点距离最值。

求两个曲线上两个动点之间距离最值常用的方法有：参数方程法，曲线相切法等。常见代数式的几何意义：

（1） $\sqrt{x_2 + y_2}$ 表示点 (x, y) 与原点 $(0, 0)$ 的距离，$\sqrt{(x-a)^2 + (y-b)^2}$ 表示点 (x, y) 与点 (a, b) 的距离。

（2） $\dfrac{y}{x}$ 表示点 (x, y) 与原点 $(0, 0)$ 连线的斜率，$\dfrac{y-b}{x-a}$ 表示点 (x, y) 与点 (a, b) 连线的斜率。

对形如 $z = |Ax + By + C|$ 型的目标函数，可先变形为 $z = \sqrt{A^2 + B^2} \cdot \dfrac{|Ax + By + C|}{\sqrt{A^2 + B^2}}$ 的形式，将问题化为求可行域内的点 (x, y) 到直线 $Ax + By + C = 0$ 的距离的 $\sqrt{A^2 + B^2}$ 倍的最值。

第八节　算法初步、复数及推理与证明

易错点 70：数学归纳法的应用。学生缺乏应用数学归纳法解决与自然数有关问题的意识，易忽视其步骤的规范性及不理解数学归纳法的每一步的意义所在。

例 67：自然状态下的鱼类是一种可再生资源，为持续利用这一资源，需从宏观上考察其再生能力及捕捞强度对鱼群总量的影响。用 x_n 表示某鱼群在第 n 年年初的总量，$n \in \mathbf{N}^*$，且 $x_1 > 0$。不考虑其他因素，设在第 n 年内鱼群的繁殖量及捕捞量都与 x_n 成正比，死亡量与 x_n^2 成正比，这些比例系数依次为正数 a，b，c，其中 b 称为捕捞强度。

（1）求 x_{n+1} 与 x_n 的关系式。

（2）猜测：当且仅当 x_1，a，b，c 满足什么条件时，每年年初鱼群的总量保持不变？（不要求证明）

（3）设 $a = 2$，$c = 1$，为保证对任意 $x_1 \in (0, 2)$，都有 $x_n > 0$，$n \in \mathbf{N}^*$，则捕捞强度 b 的最大允许值是多少？证明你的结论。

易错点分析：本题为数列模型应用题，主要考查数列、不等式和数学归纳法。近年高考给我们的信息：数学越来越贴近生活，数学越来越强调实用性，我们在备考中要注意对几种常见模型建模的训练；可见，高考数学越来越注意与函数、不等式、导数、向量等工具结合，这是将来高考的方向。

解析：（1）从第 n 年年初到第 $n+1$ 年年初，鱼群的繁殖量为 ax，被捕捞量为 bx，死亡量为 cx_n^2. 因此 $x_{n+1}-x_n=ax_n-bx_n-cx_n^2$ 即 $x_{n+1}=x_n\left(a-b+1-cx_n\right)$ $n\in\mathbf{N}^*$.

（2）若每年年初鱼群总量保持不变，则 x_n 恒等于 x_1，$n\in\mathbf{N}^*$，从而由上式得 $x_n\left(a-b-cx_n\right)$ 恒等于零，$n\in\mathbf{N}^*$，故 $a-b-cx_1$ 即 $x_1=\dfrac{a-b}{c}$，因为 $x_1>0$，所以 $a>b$. 猜测：当且仅当 $a>b$，且 $x_1=\dfrac{a-b}{c}$ 时，每年年初鱼群的总量保持不变。

（3）若 b 的值使得 $x_n>0$，$n\in\mathbf{N}^*$，由 $x_{n+1}=x_n\left(3-b-x_n\right)$ 知 $0<x_n<3-b$，$n\in\mathbf{N}^*$，特别地，有 $0<x_1<3-b$. 即 $0<b<3-x_1$，而 $x_1\in\left(0,2\right)$，所以 $b\in\left(0,1\right]$，由此猜测 b 的最大允许值是 1. 下证，当 $x_1\in\left(0,2\right)$，$b=1$ 时，都有 $x_n\in\left(0,2\right)$，$n\in\mathbf{N}^*$.①当 $n=1$ 时，结论显然成立。②假设当 $n=k$ 时结论成立，即 $x_2\in\left(0,2\right)$，则当 $n=k+1$ 时，$x_{k+1}=x_k\left(2-x_k\right)>0$. 又因为 $x_{k+1}=x_k\left(2-x_k\right)=-\left(x_k-1\right)^2+1\leqslant1<2$，所以 $x_{k+1}\in\left(0,2\right)$，故当 $n=k+1$ 时结论也成立。由①，②可知，对于任意的 $n\in\mathbf{N}^*$，都有 $x_n\in\left(0,2\right)$.

综上所述，为保证对任意 $x_1\in\left(0,2\right)$ 都有 $x_n>0$，$n\in\mathbf{N}^*$，则捕捞强度 b 的最大允许值是 1.

知识归类点拨：归纳是一种由特殊事例导出一般原理的思维方法。归纳推理分完全归纳推理与不完全归纳推理两种。不完全归纳推理只根据一类事物中的部分对象具有的共同性质，推断该类事物全体都具有的性质。这种推理方法，在数学推理论证中是不允许的。完全归纳推理是在考察了一类事物的全部对象后归纳得出结论。数学归纳法是用来证明某些与自然数有关的数学命题的一种推理方法，在解数学题中有着广泛的应用。它是一个递推的数学论证方法，论证的第一步是证明命题在 $n = 1$（或 n_0）时成立，这是递推的基础；第二步是假设在 $n = k$ 时命题成立，再证明 $n = k + 1$ 时命题也成立，这是无限递推下去的理论依据，它判断命题的正确性能否由特殊推广到一般，实际上它使命题的正确性突破了有限，达到无限。这两个步骤密切相关，缺一不可。完成了这两步，就可以断定"对任何自然数（或 $n \geq n_0$ 且 $n \in \mathbf{N}$）结论都正确。由这两步可以看出，数学归纳法是由递推实现归纳的，属于完全归纳。运用数学归纳法证明问题时，关键是 $n = k + 1$ 时命题成立的推证，此步证明要具有目标意识，注意与最终要达到的解题目标进行分析比较，以此确定和调控解题的方向，使差异逐步减小，最终实现目标完成解题。运用数学归纳法，可以证明下列问题：与自然数 n 有关的恒等式、代数不等式、三角不等式、数列问题、几何问题、整除性问题等。

练 66：（1）设函数 $f(x) = x\log_2 x + (1 - x)\log_2(1 - x)$ $(0 < x < 1)$.

① 求 $f(x)$ 的最小值。

② 设正数 p_1，p_2，p_3，$\cdots$，p_{2^n} 满足 $p_1 + p_2 + p_3 + \cdots + p_{2^n} = 1$，证明 $p_1\log_2 p_1 + p_2\log_2 p_2 + p_3\log_2 p_3 + \cdots + p_{2^n}\log_2 p_{2^n} \geq -2$.

答案：① $f\left(\dfrac{1}{2}\right) = -1$；②用数学归纳法证明。

（2）已知函数 $f(x) = \dfrac{x + 3}{x + 1}$ $(x \neq -1)$. 设数列 $\{a_n\}$ 满足 $a_1 = 1$，$a_{n+1} = f(a_n)$，数列 $\{b_n\}$ 满足 $b_n = \left|a_n - \sqrt{3}\right|$，$S_n = b_1 + b_2 + \cdots + b_n$ $(n \in \mathbf{N}^*)$.

① 用数学归纳法证明 $b_n \leq \dfrac{(\sqrt{3} - 1)^n}{2^{n-1}}$.

② 证明 $S_n < \dfrac{2\sqrt{3}}{3}$. （解析略）

易错点 **71**：学生对复数概念掌握不熟悉，或者未理解到复数的实部和虚部就是对应复平面上点的横纵坐标。

例 68：复数 $\dfrac{1}{1-3i}$ 的虚部是（　　　）

A. $\dfrac{3}{10}$　　　　B. $-\dfrac{1}{10}$　　　　C. $\dfrac{3}{10}i$　　　　D. $-\dfrac{1}{10}i$

答案：A.

第九节　概率、统计及排列组合、二项式定理

易错或易混淆概念：

85. 解排列组合问题的依据是：分类相加，分步相乘，有序排列，无序组合。

86. 解排列组合问题的规律是：相邻问题捆绑法；不邻问题插空法；多排问题单排法；定位问题优先法；多元问题分类法；有序分配问题法；选取问题先排后排法；至多至少问题间接法。还记得什么时候用隔板法吗？

87. 排列数公式是：_____，组合数公式是：_____，排列数与组合数的关系是：$P_n^m = m! \cdot C_n^m$.

组合数性质：$C_n^m = C_n^{n-m}, C_n^m + C_n^{m-1} = C_{n+1}^m, \sum_{r=0}^{n} C_n^r = 2^n$,

$C_r^r + C_{r+1}^r + C_{r+2}^r + \cdots + C_n^r = C_{n+1}^{r+1}$

二项式定理：$(a+b)^n = C_n^0 a^n + C_n^1 a^{n-1} b + C_n^2 a^{n-2} b^2 + \cdots + C_n^r a^{n-r} b^r + \cdots + C_n^n b^n$

二项展开式的通项公式：$T_{r+1} = C_n^r a^{n-r} b^r (r = 0,1,2\cdots,n)$.

88. 有关某一事件概率的求法：把所求的事件转化为等可能事件的概率（常常采用排列组合的知识），转化为若干个互斥事件中有一个发生的概率，利用对立事件的概率转化为相互独立事件同时发生的概率，看作某一事件在 n 次实验中恰有 k 次发生的概率，但要注意公式的使用条件。

（1）若事件 A，B 为互斥事件，则 $P(A+B) = P(A) + P(B)$.

（2）若事件 A，B 为相互独立事件，则 $P(A \cdot B) = P(A) \cdot P(B)$.

（3）若事件 A，B 为对立事件，则 $P(A) + P(B) = 1$. 一般地，$p(\overline{A}) = 1 - P(A)$.

（4）如果在一次试验中某事件发生的概率是 p，那么在 n 次独立重复试验中这个事恰好发生 k 次的概率 $P_n(k) = C_n^k p^k (1-p)^{n-k}$.

89. 抽样方法主要有：简单随机抽样（抽签法，随机样数表法）常常用于总体个数较少时，它的主要特征是从总体中逐个抽取；系统抽样，常常用于总体个数较多时，它的主要特征就是均衡成若干部分，每一部分只取一个；分层抽样，依据主要特征分层按比例抽样，主要使用于总体中有明显差异。它们的共同特征是每个个体被抽到的概率相等。

90. 用总体估计样本的方法就是把样本的频率作为总体的概率。

易错点 72：二项式 $(a+b)^n$ 展开式的通项中，因 a 与 b 的顺序颠倒而容易出错。

例 69：$\left(\sqrt{x} - \dfrac{2}{\sqrt[3]{x^2}} \right)^n$ 展开式中第三项的系数比第二项的系数大 162，则 x 的一次项为_____

易错点分析：本题中若 $\sqrt{x}$ 与 $\dfrac{2}{\sqrt[3]{x^2}}$ 的顺序颠倒，该项随之发生变化，导致出错。

解析：据题意有，$C_n^2 \cdot 2^2 - (-C_n^1 \cdot 2) = 162$，即 $2n(n-1) + 2n = 162$，

$\therefore n = 9$.

则 $T_{r+1} = C_n^r (\sqrt{x})^{n-r} \left(-\dfrac{2}{\sqrt[3]{x^2}} \right)^r = C_n^r \cdot (-2)^r \cdot x^{\frac{n-r}{2} - \frac{2r}{3}}$

由 $\dfrac{n-r}{2} - \dfrac{2r}{3} = 1$，

$\therefore r = 3.$

$\therefore T_4 = (-1)^3 \cdot 2^3 \cdot C_9^3 x = -672x.$

知识归类点拨：二项式 $(a+b)^n$ 与 $(b+a)^n$ 的展开式相同，但通项公式不同，对应项也不相同。在遇到类似问题时，要注意区分。

练 67：$\left(x^4 - \dfrac{1}{x^{11}}\right)^n$ 展开式中第 5 项与第 12 项系数的绝对值相等，则展开式的常数项为_____

解析：据题意有 $|(-1)^4 C_n^4| = |(-1)^{11} C_n^{11}|$，即 $C_n^4 = C_n^{11}$.

$\therefore C_n^4 = C_n^{n-4} = C_n^{11}.$

$\therefore n - 4 = 11,$

$\therefore n = 15.$

$T_{r+1} = C_{15}^r (x^4)^{15-r} \cdot \left(-\dfrac{1}{x^{11}}\right)^r = (-1)^r C_{15}^r x^{60-15r}$ 令 $60 - 15r = 0$

得 $r = 4.$

故展开式中常数项为 $(-1)^4 C_{15}^4 = 1365.$

易错点 73：二项式展开式中的项的系数与二项式系数的概念掌握不清，容易混淆，导致出错。

例 70：在 $\left(x^3 + \dfrac{2}{x^2}\right)^5$ 的展开式中，x^5 的系数为_____，二项式系数为_____

易错点分析：在通项公式 $T_{r+1} = C_5^r \cdot 2^r \cdot x^{15-5r}$ 中，C_5^r 是二项式系数，$C_5^r \cdot 2^r$ 是项的系数。

解析：令 $15 - 5r = 5$，得 $r = 2$，则项 x^5 的二项式系数为 $C_5^2 = 10$，项的系数为 $C_5^2 \cdot 2^2 = 40.$

> **知识归类点拨**：在二项展开式中，利用通项公式求展开式中具有某些特性的项是一类典型问题，其通常做法就是确定通项公式中 r 的取值或取值范围，须注意二项式系数与项的系数的区别与联系。

练68：如果 $\left(3x-\dfrac{1}{\sqrt[3]{x^2}}\right)^n$ 的展开式中各项系数之和为128，则展开式中 $\dfrac{1}{x^3}$ 的系数是（   ）

A. 7   B. -7 C. 21   D. -21

答案：D.

解析：当 $x=1$ 时 $\left(3\times1-\dfrac{1}{\sqrt[3]{1^2}}\right)^n=2^n=128$，$\therefore n=7$ 即 $\left(3x-\dfrac{1}{\sqrt[3]{x^2}}\right)^7$，

根据二项式通项公式得 $T_{r+1}=C_7^r(3x)^{7-r}(-1)^r(x^{-\frac{2}{3}})^r=C_7^r 3^{7-r}(-1)^r x^{7-\frac{5}{3}r}$.

$\therefore$ 当 $7-\dfrac{5}{3}r=-3$，$r=6$ 时对应 $\dfrac{1}{x^3}$，即 $T_{6+1}=C_7^6 3^{7-6}(-1)^6\dfrac{1}{x^3}=7\times3\times\dfrac{1}{x^3}=\dfrac{21}{x^3}$. 故 $\dfrac{1}{x^3}$ 项系数为21.

> **易错点74**：二项式系数最大项与展开式系数最大项是两个不同的概念，在求法上也有很大的差别，在此往往因为概念不清导致出错。

例71：已知 $\left(\sqrt{x},\dfrac{2}{x^2}\right)^n$ $(n\in\mathbf{N}^*)$ 的展开式中，第五项的系数与第三项的系数之比为 $10:1$. 求展开式中系数最大的项和二项式系数最大的项。

易错点分析：二项展开式的二项式系数可由其二项式系数的性质求得，即当 n 为奇数时，中间的一项的二项式系数最大；当 n 为偶数时，中间两项的二项式系数相等，同时取得最大值，求系数的最大值项的位置不一定在中间，

需要利用通项公式，根据系数值的增减性具体讨论而定。

解析：由题意知，第五项系数为 $C_n^4 \cdot (-2)^4$，第三项的系数为 $C_n^2 \cdot (-2)^2$，则有 $\dfrac{C_n^4 \cdot (-2)^4}{C_n^2 \cdot (-2)^2} = \dfrac{10}{1}$，

$\therefore n = 8$. 设展开式中的第 r 项，第 $r+1$ 项，第 $r+2$ 项的系数绝对值分别为 $C_8^{r+1} \cdot 2^{r-1}$，$C_8^r \cdot 2^r$，$C_8^{r+1} \cdot 2^{r+1}$，

若第 $r+1$ 项的系数绝对值最大，则 $\begin{cases} C_8^{r-1} \cdot 2^{r+1} \leqslant C_8^r \cdot 2^r \\ C_8^{r+1} \cdot 2^{r+1} \leqslant C_8^r \cdot 2r \end{cases}$，解得：$5 \leqslant r \leqslant 6$.

$\therefore$ 系数最大值为 $T_7 = 1792\dfrac{1}{x^{11}}$，由 $n = 8$ 知第五项的二项式系数最大，

此时 $T_5 = 1120\dfrac{1}{x^6}$.

知识归类点拨：在 $(a+b)^n$ 的展开式中，系数最大的项是中间项，但当 a，b 的系数不为 1 时，最大系数值的位置不一定在中间，可通过解不等式组 $\begin{cases} T_{r+1} \geqslant T_r \\ T_{r+1} \geqslant T_{r+2} \end{cases}$ 来确定之。

练69：在二项式 $(x-1)^{11}$ 的展开式中，系数最小的项的系数为 _____（结果用数值表示）

解析：展开式中第 $r+1$ 项为 $C_{11}^r \cdot x^{11-r} \cdot (-1)^r$，要使项的系数最小，则 r 为奇数，且使 C_{11}^r 为最大，由此得 $r = 5$，所以项的系数为 $C_{11}^5 \cdot (-1)^5 = -462$.

易错点75：对于排列组合问题，不能分清是否与顺序有关而导致方法出错。

例72：有六本不同的书按下列方式分配，问共有多少种不同的分配方式？

（1）分成1本，2本，3本三组。

（2）分给甲，乙，丙三人，其中1人1本，1人两本，1人3本。

（3）平均分成三组，每组2本。

（4）分给甲，乙，丙三人，每人2本。

易错点分析：分成三组与顺序无关是组合问题，分给三人与顺序有关，是排列问题。

解析：（1）分三步：先选一本有 C_6^1 种选法，再从余下的5本中选两本，有 C_5^2 种选法，最后余下的三本全选有 C_3^3 种选法，由分步计数原理知，分配方式有：$C_6^1 \cdot C_5^2 \cdot C_3^3 = 60$；（2）由于甲，乙，丙是不同的三个人，在（1）题的基础上，还考虑再分配问题，分配方式共有 $C_6^1 \cdot C_5^2 \cdot C_3^3 \cdot A_3^3 = 360$ 种；（3）先分三步：则应是 $C_6^2 \cdot C_4^2 \cdot C_2^2$ 种方法，但在这里容易出现重复。不妨记六本书为 A，B，C，D，E，F，若第一步取了 AB，第二步取了 CD，第三步取了 EF，记该种分法为（AB，CD，EF），则 $C_6^2 \cdot C_4^2 \cdot C_2^2$ 中还有（AB，EF，CD），（CD，EF，AB），（CD，AB，EF），（EF，CD，AB），（EF，AB，CD）共 A_3^3 种情况，而且这些情况仅是 AB，CD，EF 顺序不同依次只能作为的一种分法，故分配方式有 $\dfrac{C_6^2 \cdot C_4^2 \cdot C_2^2}{A_3^3} = 15$ 种。

在问题（3）的基础上，再分配即可，共有分配方式 $\dfrac{C_6^2 \cdot C_4^2 \cdot C_2^2}{A_3^3} \cdot A_3^3$ 种。

知识归类点拨：本题是有关分组与分配的问题，是一类极易出错的题型。此类问题的关键是搞清楚是否与顺序有关，分清先选后排，分类还是分步完成等，对于平均分组问题更要注意顺序，避免计算重复或遗漏。

练70：从 5 位男教师和 4 位女教师中选出 3 位教师，派到三个班担任班主任（每班一位班主任），要求这三位班主任中男，女教师都要有，则不同的选派方法共有（　　）

A. 210 种　　　　　　　　　　B. 420 种

C. 630 种　　　　　　　　　　D. 840 种

解析：首先选择 3 位教师的方案有：①一男两女；计 $C_5^1 \cdot C_4^2 = 30$；②两男一女：计 $C_5^1 \cdot C_4^2 = 30$.

其次派出 3 位教师的方案是 $A_3^3 = 6$. 故不同的选派方案共有 $A_3^3 \times (C_5^1 \cdot C_4^2 + C_5^1 \cdot C_4^1) = 6 \times (30 + 40) = 420$ 种。

易错点 76：不能正确分析几种常见的排列问题和不能恰当地选择排列的方法而导致出错。

例73：四个男同学和三个女同学站成一排。

（1）3 个女同学必须排在一起，有多少种不同的排法？

（2）任何两个女同学彼此不相邻，有多少种不同的排法？

（3）其中甲，乙两同学之间必须恰有 3 人，有多少种不同的排法？

（4）甲，乙两人相邻，但都与丙不相邻，有多少种不同的排法？

（5）女同学从左往右按高矮顺序排，有多少种不同的排法？（三个女生身高互不相等）

易错点分析：排列问题常见题型有相邻问题及不相邻问题，顺序一定问题等。如果对题意理解不够充分，往往选择了错误的方法。

解析：（1）3 个女同学是特殊元素，我们先把她们排列好，共有 A_3^3 种排法；由于 3 个同学必须排在一起，我们可视排好的女同学为一个整体，再与男同学排队，这时是五个元素的全排列，应有 A_5^5 种排法。由乘法原理，有 $A_3^3 \cdot A_5^5 = 720$ 种不同排法。（2）先将男生排好，共有 A_4^4 种排法；再在这 4 个男生的中间及两头的 5 个空中插入 3 个女生，有 A_5^3 种方案，故符合条件的排

法共有 $A_4^4 \cdot A_5^3 = 1440$ 种。（3）甲，乙2人先排好，共有 A_2^2 种排法；再从余下的5人中选三人排在甲，乙两人中间，有 A_5^3 种排法，这时把已排好的5人看作一个整体，与剩下的2人再排，又有 A_3^3 种排法；这样，总共有 $A_2^2 \cdot A_5^3 \cdot A_3^3$ $=720$ 种不同的排法。（4）先排甲，乙，丙3人以外的其他4人，有 A_4^4 种排法，由于甲，乙要相邻，故把甲，乙排好，有 A_2^2 种排法；最后把甲，乙排好的这个整体与丙分别插入原先排好的4人的空当中，有 A_5^2 种排法；这样，总共有 $A_4^4 \cdot A_2^2 \cdot A_5^2 = 960$ 种不同的排法。（5）从7个位置中选出4个位置把男生排好，有 A_7^4 种排法；然后再在余下的3个空位置中排女生，由于女生要按高矮排列。故仅有一种排法。这样总共有 $A_7^4 = 840$ 种不同的排法。

知识归类点拨：解决有限制条件的排列问题方法是：

（1）直接法： $\begin{cases} 用加法原理（分类） \\ 用乘法原理（分步） \end{cases}$ $\begin{cases} 位置分析法 \\ 元素分析法 \\ 插入法（不相邻问题） \\ 捆绑法（相邻问题） \end{cases}$

（2）间接法：即排除不符合要求的情形。

（3）一般先从特殊元素和特殊位置入手。

练71：有两排座位，前排11个座位，后排12个座位，现安排2人就坐，规定前排中间三个座位不能坐，并且这2人不左右相邻，那么不同排法的种数为（　　）

A. 234　　　　　　　　　　B. 346

C. 350　　　　　　　　　　D. 363

解析：把前后两排连在一起，去掉前排中间3个座位，可坐的座位共有20个，2个人坐的方法为 A_{20}^2，还需排除2人左右相邻的情况，把其中两个相邻的座位看成一个整体，则相邻的坐法共有 $A_{19}^1 \cdot A_2^2$ 种，再加上4种不能算相邻的，共有 $A_{20}^2 - A_{19}^1 \cdot A_2^2 + 4 = 346$ 种。

易错点 77：二项式展开式的通项公式为 $T_{r+1} = C_n^r a^{n-r} b^r$，事件 A 发生 k 次的概率：$P_n(k) = C_n^k P^k (1-P)^{n-k}$. 二项分布列的概率公式：$p_k = C_n^k p^k q^{n-k}$，$k = 0, 1, 2, 3, \cdots$，$n < p < 1$，$p + q = 1$ 三者在形式上的相似，在应用时容易混淆而导致出错。

例 74：某同学参加科普知识竞赛，需回答三个问题，竞赛规则规定：每题回答正确得 100 分，回答不正确得 -100 分。假设这名同学每题回答正确的概率均为 0.8，且各题回答正确与否相互之间没有影响。

（1）求这名同学回答这三个问题的总得分 ξ 的概率分布和数学期望。

（2）求这名同学总得分不为负分（即 $\xi \geq 0$）的概率。

易错点分析：对于满足二项分布的分布列的概率计算公式中对于随机变量 ξ 以及二项分布的条件的理解出错。

解析：（1）ξ 的可能取值为 -300，-100，100，300.

$P(\xi = -300) = 0.2^3 = 0.008$.

$P(\xi = -100) = 3 \times 0.2^2 \times 0.8 = 0.096$.

$P(\xi = 100) = 3 \times 0.2^2 \times 0.8^2 = 0.384$.

$P(\xi = 300) = 0.8^3 = 0.512$.

所以 ξ 的概率分布见表 1。

表 1

ξ	-300	-100	100	300
P	0.008	0.096	0.384	0.512

根据 ξ 的概率分布，可得 ξ 的期望：

$E(\xi) = (-300) \times 0.008 + (-100) \times 0.096 + 100 \times 0.384 + 300 \times 0.512 = 180$.

（2）这名同学总得分不为负分的概率为：

$P\ (\xi \geqslant 0)\ =0.\ 384+0.\ 512=0.\ 896.$

> **知识归类点拨：** 二项分布是一种常见的重要的离散型随机变量
> 分布列，其概率 $P\ (\xi =k)\ (k=0,\ 1,\ 2,\ \cdots)$ 就是独立重复实验 n
> 次，其中发生 k 次的概率 $C_n^k P^k\ (1-P)^{n-k}.$ 但在解决实际问题时一
> 定要看清是否满足二项分布。

练72： 设一汽车在前进途中要经过 4 个路口，汽车在每个路口遇到绿

灯（允许通行）的概率为 $\dfrac{3}{4}$，遇到红灯（禁止通行）的概率为 $\dfrac{1}{4}$. 假定汽

车只在遇到红灯或到达目的地才停止前进，ξ 表示停车时已经通过的路口

数，求：

（1）ξ 的概率分布列及期望 $E\ (\xi)$.

（2）停车时最多已通过 3 个路口的概率。

解析： （1）ξ 的所有可能值为 0，1，2，3，4. 用 A_k 表示"汽车通过第 k

个路口时不停"，则 $P\ (A_k)\ =\dfrac{3}{4}\ (k=1,\ 2,\ 3,\ 4)$ 且 A_1，A_2，A_3，A_4 独

立。故 $P\ (\xi =0)\ =P\ (A_1)\ =\dfrac{1}{4}.$

$P\ (\xi =1)\ =P\ (A_1 \cdot \overline{A_2})\ =\dfrac{3}{4} \times \dfrac{1}{4}=\dfrac{3}{16},$

$P\ (\xi =2)\ =P\ (A_1 \cdot A_2 \cdot \overline{A_3})\ =\left(\dfrac{3}{4}\right)^2 \times \dfrac{1}{4}=\dfrac{9}{64},$

$P\ (\xi =3)\ =P\ (A_1 \cdot A_2 \cdot A_3 \cdot \overline{A_4})\ =\left(\dfrac{3}{4}\right)^3 \times \dfrac{1}{4}=\dfrac{27}{256},$

$P\ (\xi =4)\ =P\ (A_1 \cdot A_2 \cdot A_3 \cdot A_4)\ =\left(\dfrac{3}{4}\right)^4 =\dfrac{81}{256},$ 从而 ξ 的分布列为

表 2。

表 2

ξ	0	1	2	3	4
P	$\dfrac{1}{4}$	$\dfrac{3}{16}$	$\dfrac{9}{64}$	$\dfrac{27}{256}$	$\dfrac{81}{256}$

$$E(\xi) = 0 \times \frac{1}{4} + 1 \times \frac{3}{16} + 2 \times \frac{9}{64} + 3 \times \frac{27}{256} + 4 \times \frac{81}{256} = \frac{525}{256}.$$

(2) $P(\xi \leqslant 3) = 1 - P(\xi = 4) = 1 - \dfrac{81}{256} = \dfrac{175}{256}.$

易错点 78： 正态总体 $N(\pi,\sigma)$ 的概率密度函数为 $f(x) = \dfrac{1}{\sqrt{2\pi}\sigma}e^{\frac{(x-\mu)^2}{2\sigma^2}}$，$x \in \mathbf{R}$ 时，当 $\mu = 0$，$\sigma = 1$ 时，$f(x) = \dfrac{1}{\sqrt{2\pi}}e^{-\frac{x^2}{2}}$，$x \in \mathbf{R}$，叫作标准正态总体 $N(0,1)$ 的概率密度函数，两者在使用范围上是不同的。

例 75： 灯泡厂生产的白炽灯泡的寿命为 ξ（单位：小时），已知 $\xi \sim N(1000,30^2)$，要使灯泡的平均寿命为 1000 小时的概率为 99.7%，问灯泡的最低使用寿命应控制在多少小时以上。

易错点分析： 由于 ξ 服从正态分布，故应利用正态分布的性质解题。

解析： 因为灯泡的使用寿命 $\xi \sim N(1000,30^2)$，故 ξ 在 $(1000 - 3 \times 30,$ $1000 + 3 \times 30)$ 的概率为 99.7%，即 ξ 在 $(910,1090)$ 内取值的概率为 99.7%，故灯泡的最低使用寿命应控制在 910 小时以上。

知识归类点拨： 在正态分布 $N(\mu,\sigma^2)$ 中，μ 为总体的平均数，σ 为总体的标准差，另外，正态分布 $N(\mu,\sigma^2)$ 在 $(\mu-\sigma,\mu+\delta)$ 的概率为 68.3%，在 $(\mu-3\sigma,\mu+3\sigma)$ 内取值的概率为 99.7%．解题时，应当注意正态分布 $N(\mu,\sigma^2)$ 在各个区间的取值概率，不可混淆，否则，将出现计算失误。

练 73：一总体符合 N（0，1），若 φ（1）$= a$，φ（2）$= b$ 则该总体在（1，2）内的概率为_____

解析：由题意可得 P（$1 < \xi < 2$）$= \varphi$（2）$- \varphi$（1）$= b - a$.

易错点 79：对条件概率概念中"条件的理解"不清导致错误。

例 76：某地病毒暴发，全省支援，需要从我市某医院某科室的 5 名男医生（含一名主任医师）、4 名女医生（含一名主任医师）中分别选派 3 名男医生和 2 名女医生，则在有一名主任医师被选派的条件下，两名主任医师都被选派的概率为（ ）

A. $\dfrac{3}{8}$ B. $\dfrac{3}{10}$ C. $\dfrac{3}{11}$ D. $\dfrac{3}{5}$

易错点分析：条件概率的实质就是在条件下改变了基本事件，基本事件包括，没有主任医师，一个主任医师和两个主任医师。在 A 条件下就去除了没有主任医师的情况。条件概率的分母包含了分子。从而错失正确答案 A 导致误选成 D.

解析：设事件 A "有一名主任医师被选派"，事件 B 表示"有两名主任医师被选派" 则 $P\left(\dfrac{B}{A}\right) = \dfrac{n（AB）}{n（A）} = \dfrac{C_4^2 C_3^1}{C_5^3 C_4^2 - C_4^3 C_3^2} = \dfrac{18}{48} = \dfrac{3}{8}$.

知识归类点拨：条件概率问题可以看成"缩减样本空间"下的古典概型或几何概型问题。

关于条件概率中对"条件"的理解：每一个人随机试验都是在一定条件下进行，条件概率是在原来试验的条件上又加上了一定的条件。

常用方法：定义法和缩减基本事件总数法。

练74：一个盒子中放有大小相同的10个小球，其中8个黑球，2个红球，现甲乙二人先后各自从盒子中无放回地随机抽取2个球，已知甲取到了2个黑球，求乙也取到2个黑球的概率。

答案：$\dfrac{15}{28}$.

第十节　坐标系与参数方程

例 77：已知曲线 C_1 的参数方程为 $\begin{cases} x = 4 - t \\ y = \dfrac{t}{3} \end{cases}$ （t 为参数），以坐标原点 O 为

极点，x 轴的正半轴为极轴且取相同的单位长度建立极坐标系，曲线 C_2 的极坐标方程为 $\rho = 4\sin\theta$.

（1）求 C_1 的普通方程和 C_2 的直角坐标方程；

（2）设 C_1 与 C_2 交于 A，B 两点，点 $P(4,0)$，求 $|PA| \cdot |PB|$ 的值。

解析：（1）将 $\begin{cases} x = 4 - t, \\ y = \dfrac{t}{3} \end{cases}$ 消去参数 t，得 $4 - x = 3y$，即 $x + 3y - 4 = 0$. 所以

C_1 的普通方程为 $x + 3y - 4 = 0$. 由 $\rho = 4\sin\theta$，得 $\rho^2 = 4\rho\sin\theta$，代入公式

$\begin{cases} x = \rho\cos\theta, \\ y = \rho\sin\theta, \end{cases}$

得 $x^2 + y^2 = 4y$，即 C_2 直角坐标方程 $x^2 + y^2 - 4y = 0$.

（2）曲线 C_1 的标准参数方程为 $\begin{cases} x = 4 - \dfrac{3}{\sqrt{10}}t, \\ y = \dfrac{1}{\sqrt{10}}t, \end{cases}$ 代入 $x^2 + y^2 - 4y = 0$，

得 $\left(4 - \dfrac{3}{\sqrt{10}}t\right)^2 + \left(\dfrac{1}{\sqrt{10}}t\right)^2 - 4 \times \dfrac{1}{\sqrt{10}}t = 0$，化简得 $t^2 - \dfrac{28}{\sqrt{10}}t + 16 = 0$，

因为 $\Delta = \left(\dfrac{28}{\sqrt{10}}\right)^2 - 4 \times 16 > 0$，$t_1 t_2 = 16$，

曲线 C_1 是过点 $P(4,0)$ 的一条直线，与曲线 C_2 交于 A，B 两点，所以 $|PA| \cdot |PB| = t_1 t_2 = 16$.

练 75：在平面直角坐标系 xOy 中，曲线 C_1 的参数方程为 $\begin{cases} x = \sqrt{2}\cos\varphi, \\ y = \sin\varphi \end{cases}$（$\varphi$ 为参数）。以坐标原点 O 为极点，x 轴的正半轴为极轴建立极坐标系，曲线 C_2 的极坐标方程为 $\rho = \sqrt{2}$.

（1）求曲线 C_1 的极坐标方程和 C_2 的直角坐标方程。

（2）设 P 是曲线 C_1 上一点，此时参数 $\varphi = \dfrac{\pi}{4}$，将射线 OP 绕坐标原点 O 逆时针旋转 $\dfrac{\pi}{3}$ 交曲线 C_2 于点 Q，记曲线 C_1 的上顶点为点 T，求 $\triangle OTQ$ 的面积。

易错点分析：学生对椭圆参数的几何意义（离心角）理解不透彻，与圆的参数方程的几何意义（旋转角）混淆，导致得到错误答案。

解析：（1）由已知可得 C_1：$\dfrac{x^2}{2} + y^2 = 1$，由 $x = \rho\cos\theta$，$y = \rho\sin\theta$，可得 C_1 的极坐标方程为 $\rho^2(1 + \sin^2\theta) = 2$. 由 $\rho^2 = x^2 + y^2$ 可得曲线 C_2 的直角坐标方程为 $x^2 + y^2 = 2$.

（2）设点 Q 的横坐标为 x_Q，则由已知可得 $S_{\triangle OTQ} = \dfrac{1}{2}|OT| \cdot |x_Q|$，

且点 P 的直角坐标为 $\left(1, \dfrac{\sqrt{2}}{2}\right)$，点 P 的极坐标为 $\left(\dfrac{\sqrt{6}}{2}, \theta\right)$，其中 $\sin\theta = \dfrac{\sqrt{3}}{3}$，

$\cos\theta = \dfrac{\sqrt{6}}{3}$，点 Q 的极坐标为 $\left(\sqrt{2},\ \theta + \dfrac{\pi}{3}\right)$，则有 $x_Q = \sqrt{2}\cos\left(\theta + \dfrac{\pi}{3}\right) = \dfrac{2\sqrt{3} - 3\sqrt{2}}{6}$，所以 $S_{\triangle OTQ} = \dfrac{1}{2}\mid OT\mid \cdot \mid x_Q\mid = \dfrac{1}{2} \times 1 \times \dfrac{3\sqrt{2} - 2\sqrt{3}}{6} = \dfrac{3\sqrt{2} - 2\sqrt{3}}{12}$.

易错点 81：忽视参数范围。

例 78：在直角坐标系 xOy 中，曲线 C 的参数方程为 $\begin{cases} x = \dfrac{1 - t^2}{1 + t^2}, \\ y = \dfrac{4t}{1 + t^2} \end{cases}$（$t$ 为参数）。以坐标原点 O 为极点，x 轴正半轴为极轴，建立极坐标系，直线 l 的极坐标方程为 $2\rho\cos\theta + \sqrt{3}\rho\sin\theta + 11 = 0$.

（1）求 C 和 l 的直角坐标方程。

（2）求 C 上的点到 l 距离的最小值。

易错点分析：急于求曲线的直角坐标方程，忽略了 x 的取值范围。在求椭圆和椭圆上的动点的距离最值时，虽能想到利用参数方程转化为三角函数的最值，利用三角函数的有界性来求，但学生往往容易漏掉等号成立时的条件。

解析：（1）因为 $-1 < \dfrac{1 - t^2}{1 + t^2} \leqslant 1$，且 $x^2 + \left(\dfrac{y}{2}\right)^2 = \left(\dfrac{1 - t^2}{1 + t^2}\right)^2 + \left(\dfrac{2t^2}{1 + t^2}\right)^2 = 1$，

所以 C 的直角坐标方程为 $x^2 + \dfrac{y^2}{4} = 1$ $(x \neq -1)$.

l 的直角坐标方程为 $2x + \sqrt{3}y + 11 = 0$.

（2）由（1）可设 C 的参数方程为 $\begin{cases} x = \cos\alpha, \\ y = 2\sin\alpha, \end{cases}$（$\alpha$，为参数，$-\pi < \alpha < \pi$）.

C 上的点到 l 的距离为 $\dfrac{\mid 2\cos\alpha + 2\sqrt{3}\sin\alpha + 11\mid}{\sqrt{7}} = \dfrac{4\cos\left(\alpha - \dfrac{\pi}{3}\right) + 11}{\sqrt{7}}$.

下 篇
教学案例

当 $\alpha = -\dfrac{2\pi}{3}$ 时，$4\cos\left(\alpha - \dfrac{\pi}{3}\right) + 11$ 取得最小值 7，故 C 上的点到 l 距离的

最小值为 $\sqrt{7}$.

知识归类点拨：

1. 将参数方程化为普通方程的方法

将参数方程化为普通方程，需要根据参数方程的结构特征，选取适当的消参方法。常见的消参方法有：代入消参法，加减消参法，平方消参法等，对于含三角函数的参数方程，常利用同角三角函数关系式消参（如 $\sin^2\theta + \cos^2\theta = 1$ 等）。

将参数方程化为普通方程时，要注意两种方程的等价性，防止增解。还要注意定义域的取值范围。

2. 椭圆和椭圆上的动点距离的最大值、最小值以及取值范围的问题

通常利用它们的参数方程转化为三角函数的最大值、最小值求解，掌握参数方程与普通方程互化的规律是解决此类题的关键。

练 76： 在平面直角坐标系 xOy 中，$\odot O$ 的参数方程为 $\begin{cases} x = \cos\theta \\ y = \sin\theta \end{cases}$（$\theta$ 为参

数），过点 $(0, -\sqrt{2})$ 且倾斜角为 α 的直线 l 与 $\odot O$ 交于 A，B 两点。

（1）求直线 l 的参数方程。

（2）若 $AP = BP$，求 P 的轨迹的参数方程。

解析：（1）$\odot O$ 的直角坐标方程为 $x^2 + y^2 = 1$.

当 $\alpha = \dfrac{\pi}{2}$ 时，l 与 $\odot O$ 交于两点。

当 $\alpha \neq \dfrac{\pi}{2}$ 时，记 $\tan\alpha = k$，则 l 的方程为 $y = kx - \sqrt{2}$.

l 与 $\odot O$ 交于两点当且仅当 $\left| \dfrac{\sqrt{2}}{\sqrt{1+k^2}} \right| < 1$，解得 $k < -1$ 或 $k > 1$，

即 $\alpha \in \left(\dfrac{\pi}{4}, \dfrac{\pi}{2} \right)$ 或 $\alpha \in \left(\dfrac{\pi}{2}, \dfrac{3\pi}{4} \right)$. 综上，$\alpha$ 的取值范围是 $\left(\dfrac{\pi}{4}, \dfrac{3\pi}{4} \right)$.

$\therefore l$ 的参数方程为 $\begin{cases} x = t\cos\alpha, \\ y = -\sqrt{2} + t\sin\alpha \end{cases}$ $\left(t \text{ 为参数，} \dfrac{\pi}{4} < \alpha < \dfrac{3\pi}{4} \right)$.

（2）由（1）得 l 的参数方程为 $\begin{cases} x = t\cos\alpha, \\ y = -\sqrt{2} + t\sin\alpha \end{cases}$ $\left(t \text{ 为参数，} \dfrac{\pi}{4} < \alpha < \dfrac{3\pi}{4} \right)$.

设 A，B，P 对应的参数分别为 t_A，t_B，t_P，则 $t_P = \dfrac{t_A + t_B}{2}$，且 t_A，t_B 满足 $t^2 - 2\sqrt{2}t\sin\alpha + 1 = 0$.

于是 $t_A + t_B = 2\sqrt{2}\sin\alpha$，$t_P = \sqrt{2}\sin\alpha$.

又点 P 的坐标 (x, y) 满足 $\begin{cases} x = t\cos\alpha, \\ y = -\sqrt{2} + t_P\sin\alpha \end{cases}$

所以点 P 的轨迹的参数方程是 $\begin{cases} x = \dfrac{\sqrt{2}}{2}\sin\alpha, \\ y = -\dfrac{\sqrt{2}}{2} - \dfrac{\sqrt{2}}{2}\cos2\alpha \end{cases}$ $\left(\alpha \text{ 为参数，} \dfrac{\pi}{4} < \alpha < \dfrac{3\pi}{4} \right)$

初中部分

　　上课一听就懂，下笔则各种错；题目拿来就做，没看清条件便写；做难题没思路，但给一点提示马上能做出来，看完解析高呼"当时我怎么没想到"。基本概念不熟悉，易错的概念还是一错再错，晕晕乎乎，容易失分，可又不在乎，自我感觉还良好。其实初中数学中有许多题目，其求解思路不难，但在解题时，很容易出现这样或那样的错误。你家孩子是否也会这样？下面是编者对中考数学易错概念知识点的整理内容。

第一节　数与式

例 1：在实数：$-(-3.14159)$，$\cdots$，$-(-1)$，2013，$-\left|-\dfrac{3}{4}\right|$，$4.\overset{\cdot}{2}\overset{\cdot}{1}$，$\dfrac{\pi}{3}$，$\dfrac{22}{7}$ 中，分数有（　　）

A. 1 个　　　　　B. 2 个　　　　　C. 3 个　　　　　D. 4 个

答案：D.

易错点分析：根据有限小数和无限循环小数都属于分数来解答，很多同学容易混淆概念，本题考查了实数的定义，主要考查分数的概念，熟练掌握这些基础知识是解题的关键。要注意无理数不是分数。

解析：分数有：$-(-3.14159)=3.14159$，$-\left|-\dfrac{3}{4}\right|=-\dfrac{3}{4}$，$4.\overset{\cdot}{2}\overset{\cdot}{1}$，$\dfrac{22}{7}$，故选 D.

练 1：如图 1 所示，数轴上表示 2，$\sqrt{5}$ 的点分别为 C，B，点 C 是 AB 的中点，则点 A 表示的数是（　　）

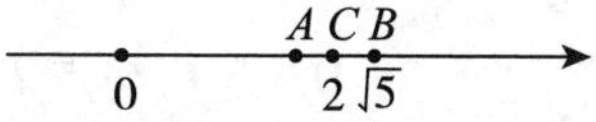

图 1

A. $-\sqrt{5}$ B. $2-\sqrt{5}$

C. $4-\sqrt{5}$ D. $\sqrt{5}-2$

答案：C.

易错点分析：本题主要考查了数轴上两点之间中点的计算方法。很多同学不会估算 $\sqrt{5}$ 的近似值，或者不清楚中点坐标算法，所以出错。首先可以求出线段 BC 的长度，然后利用中点的性质即可解答。

解析：∵ 表示 2，$\sqrt{5}$ 的对应点分别为 C，B，

∴ $CB = \sqrt{5} - 2$.

∵ 点 C 是 AB 的中点，则设点 A 表示数是 x，则 $x = 4 - \sqrt{5}$，

∴ 点 A 表示的数是 $4 - \sqrt{5}$.

故选 C.

例 2：若 $|x| = -x$，则 x 一定是（   ）

A. 正数   B. 非负数

C. 负数   D. 非正数

答案：D.

易错点分析：很多同学会选 C，因为平时同学们认为绝对值等于相反数的数为负数。

解析：一定要考虑 0 这个特殊数。所以选 D.

练 2：如图 2 表示互为相反数的两个点是（   ）

图 2

A. 点 A 与点 B B. 点 A 与点 D

C. 点 C 与点 B D. 点 C 与点 D

答案：B.

易错点分析：本题考查了相反数的意义。一个数的相反数就是在这个数前面添上"－"号：一个正数的相反数是负数，一个负数的相反数是正数，0 的相反数是 0. 不要把相反数的意义与倒数的意义混淆。

解析：3 和 –3 互为相反数，则点 A 与点 D 表示互为相反数的两个点。故选：B.

练 3：$-|-\sqrt{2}|$ 的相反数是（   ）

A. $-\sqrt{2}$ B. $\sqrt{2}$

C. $-\dfrac{\sqrt{2}}{2}$ D. $\dfrac{\sqrt{2}}{2}$

答案：B.

易错点分析：本题考查了相反数的意义及绝对值的性质。由于学生易把相反数的意义与倒数的意义混淆，因此解题的关键是熟练掌握相反数的意义及绝对值的性质。根据相反数和绝对值的意义解答即可。

解析：$\because -|-\sqrt{2}| = -\sqrt{2}$,

$\therefore -\sqrt{2}$的相反数是$\sqrt{2}$.

故选：B.

> **知识归类点拨**：理解实数、有理数、无理数的概念，是初中数论的重点内容。
>
> 无理数就是无限不循环小数，有理数是整数与分数的统称。即有限小数和无限循环小数是有理数，而无限不循环小数是无理数，其中初中范围内学习的无理数有：π，2π 等；开方开不尽的数。

相反数：实数与它的相反数是一对数（只有符号不同的两个数叫作互为相反数，零的相反数是零），从数轴上看，互为相反数的两个数所对应的点关于原点对称，如果 a 与 b 互为相反数，则有 $a + b = 0$，$a = -b$，反之亦成立。

绝对值：一个数的绝对值就是表示这个数的点与原点的距离，$|a| \geq 0$. 零的绝对值是它本身，也可看成它的相反数，若 $|a| = a$，则 $a \geq 0$；若 $|a| = -a$，则 $a \leq 0$. 正数大于零，负数小于零，正数大于一切负数，两个负数，绝对值大的反而小。

倒数：如果 a 与 b 互为倒数，则有 $ab = 1$，反之亦成立。倒数等于本身的数是 1 和 -1。零没有倒数。

易错点 2：平方根，算术平方根，立方根的区别。

例 3：平方根和立方根都是本身的数是（　　　）

A. 0   B. 1 和 0

C. ±1   D. 0 和 ±1

答案：A.

易错点分析：关键是考虑特殊值。很多同学容易将 1 的平方根误认为是 1，所以选 B，这就对平方根和算术平方根的概念混淆了。正确解答：平方根是本身的数有 0，立方根是本身的数有 1，-1，0；所以平方根和立方根都是本身的数是 0.

解析：平方根是本身的数有 0，立方根是本身的数有 1，-1，0；所以平方根和立方根都是本身的数是 0.

练 4：$\sqrt{4}$ 的平方根是（　　　）

A. 2   B. $\sqrt{2}$

C. ±2   D. $\pm\sqrt{2}$

答案：D.

易错点分析：$\sqrt{4}=2$，2 的平方根为 $\pm\sqrt{2}$，很多同学直接选 C.

练5：下列说法，其中不正确的有（   ）

①任何数都有算术平方根；②一个数的算术平方根一定是正数；③a^2 的算术平方根是 a；④算术平方根不可能是负数。

A. 0 个   B. 1 个

C. 2 个   D. 3 个

答案：D.

易错点分析：容易忽略掉负数没有算术平方根和 0 的算术平方根等于 0.

解析：根据平方根概念可知：①负数没有算术平方根，故错误；②反例：0 的算术平方根是 0，故错误；③当 $a<0$ 时，a^2 的算术平方根是 $-a$，故错误；④算术平方根不可能是负数，故正确。所以不正确的有①②③。故选 D.

练6：已知实数 a，b 在数轴上的位置如图 3 所示，下列结论中正确的是（   ）

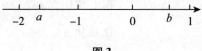

图 3

A. $a>b$ B. $|a|<|b|$

C. $ab>0$ D. $-a>b$

答案：D.

易错点分析：根据数轴可以判断 a，b 的正负，从而可以判断各个选项中的结论是否正确，从而可以解答本题。本题考查实数与数轴、绝对值。解答本题的关键是明确题意，利用数形结合的思想解答。

解析：由数轴可得，$-2<a<-1<0<b<1$，

∴$a<b$，故选项 A 错误，

$|a| > |b|$，故选项 B 错误，

$ab < 0$，故选项 C 错误，

$-a > b$，故选项 D 正确，

故选：D.

知识归类点拨：平方根，算术平方根概念的运用：如果 $x^2 = a$ $(a \geq 0)$，则 x 是 a 的平方根。若 $a > 0$，则它有两个平方根，我们把正的平方根叫 a 的算术平方根；若 $a = 0$，则它有一个平方根，即 0 的平方根是 0，0 的算术平方根也是 0，负数没有平方根。若一个数的平方等于 a，那么这个数叫作 a 的平方根，记作 $\pm\sqrt{a}$ $(a \geq 0)$；零的平方根为零。根据两个数是一个正数的平方根，可能互为相反数可能相等。

立方根：如果一个数的立方等于 a，那么这个数就叫作 a 的立方根（或 a 的三次方根），一个正数有一个正的立方根；一个负数有一个负的立方根；零的立方根是零，注意：$\sqrt[3]{-a} = -\sqrt[3]{a}$，这说明三次根号内的负号可以移到根号外面。

易错点 3：科学记数法，容易数错位数，容易不将单位统一，特别容易出错的是负指数。

例 4：0.00000105 用科学计数法表示为_____

答案：1.05×10^{-6}.

易错点分析：此题考查科学记数法的表示方法。科学记数法的表示形式为 $a \times 10^n$ 的形式，其中 $1 \leq |a| < 10$，n 为整数，表示时关键要正确确定 a 的值以及 n 的值。确定 n 的值时，要看把原数变成 a 时，小数点移动了多少位，n 的绝对值与小数点移动的位数相同。当原数绝对值 >10 时，n 是正

数；当原数的绝对值 <1 时，n 是负数。所以很多同学会忘记负指数，而写成正指数。

解析：$0.00000105 = 1.05 \times 10^{-6}$. 故答案为 1.05×10^{-6}.

> **易错点 4**：实数的运算要掌握好与实数有关的概念、性质，灵活地运用各种运算律，关键是把好符号关。在较复杂的运算中，不注意运算顺序或者不合理使用运算律，记错五个基本数的计算：0 指数，三角函数绝对值，负指数，二次根式的化简，从而使运算出现错误。

例 5：计算 $(-1)^2 + |-\sqrt{2}| + (\pi - 3)^0 - \sqrt{4}$.

答案：$\sqrt{2}$.

易错点分析：此题考查了实数的运算，绝对值，零指数幂。熟练掌握运算法则是解本题的关键。原式先计算乘方运算，绝对值，零指数幂，算术平方根，再算加减运算即可得到结果。

解析：$(-1)^2 + |-\sqrt{2}| + (\pi - 3)^0 - \sqrt{4} = 1 + \sqrt{2} + 1 - 2 = \sqrt{2}$.

> **知识归类点拨**：实数是中学数学重要的基础知识。中考中以计算题形式出现，实数的运算主要是由二次根式、三角函数、幂等组成的混合算式的计算，常以计算或化简题型出现。另外，命题者也会利用分析归纳、总结规律等题型考查考生发现问题与解决问题的能力。

> **易错点 5**：分式运算时要注意运算法则和符号的变化。当分式的分子分母是多项式时要先因式分解，因式分解要分解到不能再分解为止，注意计算方法，不能去分母，把分式化为最简分式，求分式值为零时，学生易忽略分母不能为零。

例6：先化简，再求值：$1 - \dfrac{a^2 + 4ab + 4b^2}{a^2 - ab} \div \dfrac{a + 2b}{a - b}$，其中 a，b 满足 $\left(a - \sqrt{2}\right)^2 + \sqrt{b + 1} = 0.$

答案：$\sqrt{2}.$

易错点分析：本题主要考查分式的化简求值问题，要熟练掌握。注意先把分式化简后，再把分式中未知数对应的值代入求出分式的值。首先化简 $1 - \dfrac{a^2 + 4ab + 4b^2}{a^2 - ab} \div \dfrac{a + 2b}{a - b}$，然后根据 a，b 满足 $\left(a - \sqrt{2}\right)^2 + \sqrt{b + 1} = 0$，求出 a，b 的值各是多少，再把求出的 a，b 的值代入化简后的算式，求出算式的值是多少即可。

解析：原式 $= 1 - \dfrac{\left(a + 2b\right)^2}{a\left(a - b\right)} \cdot \dfrac{a - b}{a + 2b} = 1 - \dfrac{a + 2b}{a} = \dfrac{a - a - 2b}{a} = -\dfrac{2b}{a}$

$\because a$，b 满足 $\left(a - \sqrt{2}\right)^2 + \sqrt{b + 1} = 0$，

$\therefore a - \sqrt{2} = 0$，$b + 1 = 0$，

$\therefore a = \sqrt{2}$，$b = -1$，当 $a = \sqrt{2}$，$b = -1$ 时，原式 $= -\dfrac{2 \times (-1)}{\sqrt{2}} = \sqrt{2}.$

练7：先化简，再求值：$\dfrac{x^2 - 4}{x^2 - 4x + 4} \div \dfrac{x + 2}{x + 1} - \dfrac{x}{x - 2}$，其中 $x = 2 - \sqrt{2}.$

易错点分析：在化简过程中容易约分的时候约掉 $x - 1$。

解析：$\dfrac{x^2 - 4}{x^2 - 4x + 4} \div \dfrac{x + 2}{x + 1} - \dfrac{x}{x - 2} = \dfrac{(x + 2)(x - 2)}{(x - 2)^2} \cdot \dfrac{x + 1}{x + 2} - \dfrac{x}{x - 2}$

$$= \dfrac{x + 1}{x - 2} - \dfrac{x}{x - 2}$$

$$= \dfrac{1}{x - 2}$$

代入 $x = 2 - \sqrt{2}$，原式 $= \dfrac{1}{2 - \sqrt{2} - 2} = -\dfrac{\sqrt{2}}{2}.$

　　知识归类点拨：理解分式，最简分式，最简公分母的概念，掌握分式的基本性质，能熟练地进行约分，通分，能根据分式的加、减、乘、除的运算法则解决计算、化简、求值等问题，并掌握分式有意义，无意义和值为零的约束条件，会进行简单的分式加、减、乘、除之间的混合运算。中考中重点考查分式有意义，分式的值为零的条件，分式的运算，分式的化简，求值的方法和技巧。

第二节　方程（组）与不等式（组）

易错点 6：不等式（组）的解的问题要先确定解集，确定解集的方法运用数轴，经常忽视不等式中参数的取值范围。

例 7：不等式组 $\begin{cases} x > -2, \\ x > a. \end{cases}$ 的解集是 $x > a$，则 a 的取值范围是

A. $a < -2$　　　　　　B. $a = -2$

C. $a > -2$　　　　　　D. $a \geqslant -2$

答案：D.

易错点分析：运用口诀：大大取最大，很多同学会选 C，不要漏掉相同的情况，应该注意和认识到 $x > a$ 和 $x \geqslant a$ 的区别在于 a 是 $x \geqslant a$ 的解，而不是 $x > a$ 的解，所以要正确使用空心点"○"和实心点"·"。

例 8：关于 x 的不等式 $4x - a \leqslant 0$ 的正整数解是 1 和 2；则 a 的取值范围是_____

答案：$8 \leqslant a < 12$.

易错点分析：忽略隐含条件，考虑问题不全，同学们错解为：

由 $4x - a \leqslant 0$，得 $4x \leqslant a$，$x \leqslant \dfrac{a}{4}$，

∵原不等式的正整数解是 1 和 2，

$\therefore 2 < \dfrac{a}{4} < 3,$

$\therefore 8 < a < 12.$

解析：由 $4x - a \leqslant 0$ 得，$4x \leqslant a$，$x \leqslant \dfrac{a}{4}$.

$\because$ 原不等式的正整数解是 1 和 2，$\therefore 2 \leqslant \dfrac{a}{4} < 3$，

$\therefore 8 \leqslant a < 12.$

练8：若不等式 $-3x + n > 0$ 的解集是 $x < 2$，则不等式 $-3x + n < 0$ 的解集是_____

答案：$x > 2$.

易错点分析：在解不等式 $-3x + n > 0$ 时经常解成 $x > \dfrac{n}{3}$，到此，此题无法完成。

解析：不等式 $-3x + n > 0$ 的解集是 $x < \dfrac{n}{3}$，

$\because$ 不等式 $-3x + n > 0$ 的解集是 $x < 2$，

$\therefore \dfrac{n}{3} = 2$，即 $n = 6$；将 $n = 6$ 代入不等式 $-3x + n < 0$ 得，$-3x + 6 < 0$，

移项得，$-3x < -6$，解得：$x > 2$.

练9：已知关于 x 的不等式 $(a - 1)x < a - 1$ 有解，求 a 的取值范围和不等式的解集。

答案：当 $a - 1 > 0$ 即 $a > 1$ 时，$x < 1$；当 $a - 1 < 0$ 即 $a < 1$ 时，$x > 1$.

易错点分析：很多同学忽视不等式中参数的取值范围，对于系数中含有参数的不等式，一定要注意讨论系数的正负。

解析：当 $a - 1 = 0$ 时，得 $0 \times x < 0$ 无解，这与已知条件矛盾。当 $a - 1 > 0$ 即 $a > 1$ 时，$x < 1$；当 $a - 1 < 0$ 即 $a < 1$ 时，$x > 1$.

知识归类点拨：不等式（组）在中考中的题型以选择、填空、解不等式（组）、求不等式（组）的特殊解为主。而紧密联系日常生活实际的不等式（组）的应用，更是中考的热点内容，且分值高，难度大，综合性强。

易错点 7：解不等式或不等式组时，移项时符号出错，运用不等式的性质 3 时，容易忘记改不等号的方向而导致结果出错，去分母时，对不含分母的项处理不当。

例 9：解不等式：$10 - 4x > -7x - 5$.

易错点分析：在解这类题时，同学们应牢记不等式的基本性质。不可忽略未知数前面有负号、不等式要变号。

解析：$7x - 4x > -5 - 10$，$3x > -15$，$x > -5$.

例 10：解不等式 $\dfrac{3y - 1}{2} \leqslant 1 - \dfrac{10y + 5}{6}$.

易错点分析：在做较复杂的题目时，一定要细心，每一步都要认真对应解不等式的法则。

解析：去分母，得 $3(3y - 1) \leqslant 6 - (10y + 5)$，

去括号，得 $9y - 3 \leqslant 6 - 10y - 5$，

移项，合并同类项，得 $19y \leqslant 4$，

系数化为 1，得 $y \leqslant \dfrac{4}{19}$.

知识归类点拨：一元一次不等式（组）的解法：（1）一元一次不等式：只含有一个未知数，且未知数的次数是 1 的不等式叫一元一次不等式；（2）解一元一次不等式的基本步骤：去分母，去括号，

移项，合并同类项，系数化为1；（3）一元一次不等式组：关于同一个未知数的几个一元一次不等式组合在一起，就组成一个一元一次不等式组；（4）一元一次不等式组的解集：关于同一个未知数的几个一元一次不等式组合在一起，就组成一个一元一次不等式组的解集。

易错点8：运用等式性质时，两边同除以一个数必须要注意不能为0的情况，还要关注解方程与方程组的基本思想，解分式方程时首要步骤去分母，分数相当于括号，易忘记根检验，导致运算结果出错。（消元降次）主要陷阱是消除了一个带 x 公因式，要回头检验。

例11：关于 x 的分式方程 $\dfrac{m}{x-1}+\dfrac{3}{1-x}=1$ 的解为正数，求 m 的取值范围。

答案：$m>2$ 且 $m\neq3$.

易错点分析：本题是一道由分式方程的解确定待定字母取值范围的题目，先求出分式方程的解，再由其解为正数构造一个不等式，从而确定 m 的取值范围。很多同学容易将方程两边同乘 $x-1$，得 $m-3=x-1$. 解得 $x=m-2$. 因为方程的解为正数，所以 $m-2>0$. 所以 $m>2$. 错解疏忽了原分式方程成立的原始条件。所以还应满足 $x-1\neq0$，即 $m-3\neq0$，得 $m\neq3$.

解析：方程两边同乘 $x-1$，得 $m-3=x-1$. 解得 $x=m-2$.

因为方程的解为正数，所以 $m-2>0$，得 $m>2$.

又 $x-1\neq0$，即 $m-3\neq0$，得 $m\neq3$. 所以 m 的取值范围是 $m>2$ 且 $m\neq3$.

练10：若分式方程 $\dfrac{x+a}{x-1}=a$ 无解，求 a 的值。

答案：1 或 −1.

易错点分析：等式两边同时除以的数或整式不能为 0，所以本题应该分类讨论，同学们错解为 $\frac{x+a}{x-1}=a$，$x+a=a(x-1)$，$x+a-ax+a=0$．$(1-a)x=-2a$，$x=\frac{2a}{a-1}$．当 $x=1$ 时，原方程产生增根，无解，即 $\frac{2a}{a-1}=1$，$2a=a+1$，$a=-1$．

∴ a 的值为 -1．

解析：$\frac{x+a}{x-1}=a$，$x+a=a(x-1)$，$x+a-ax+a=0$．$(1-a)x=-2a$．

当 $1-a=0$ 时，原方程无解，此时 $a=1$．当 $1-a\neq0$ 时，$x=\frac{2a}{a-1}$，据前文，知 $a=-1$．综上，a 的值为 1 或 -1．

易错点 9：各种方程（组）的解法要熟练掌握，方程（组）无解的意义是找不到等式成立的条件，关于一元二次方程的取值范围的题目易忽视二次项系数不为 0 而导致出错。

例 12：方程 $x(x-2)+x-2=0$ 的解是（　　　）

A. 2　　　　　　　　　　　B. -2，1

C. -1　　　　　　　　　　D. 2，-1

答案：D.

易错点分析：本题考查了运用因式分解法解一元二次方程的方法：先利用提公因式法因式分解，再化为两个一元一次方程，解方程即可。同学们会解成：$x(x-2)=2-x$，$x=-1$，所以选 C.

解析：$x(x-2)+(x-2)=0$，

∴ $(x-2)(x+1)=0$，

∴ $x-2=0$ 或 $x+1=0$，

∴ $x_1=2$，$x_2=-1$．故选 D.

利用因式分解时要注意不要漏解，直接把一个一元二次方程化为两个一元一次方程来进行解决即可。

例 13：关于 x 的方程 $(1-2k)x^2-2\sqrt{k+1}x-1=0$ 有两个不相等的实数根，求 k 的取值范围。

答案：$-1\leqslant k<2$ 且 $k\neq\dfrac{1}{2}$.

易错点分析：本例易错在两个地方：一是忽略了一元二次方程的二次项系数 $1-2k\neq0$ 这个隐含条件；二是忽略了一次项系数 $-2\sqrt{k+1}$ 中 $k+1\geqslant0$ 这个条件。很多同学错误解答：

$\because a=1-2k, b=-2\sqrt{k+1}, c=-1$,

$\therefore b^2-4ac=(-2\sqrt{k+1})^2-4(1-2k)\cdot(-1)=-4k+8>0$.

$\because$ 原方程有两个不相等的实数根，

$\therefore -4k+8>0$,

$\therefore k<2$.

解析：$\because$ 原方程有两个不相等的实数根，

$\therefore -4k+8>0$,

$\therefore k<2$.

又 $\because$ 原方程中，$1-2k\neq0$，$k+1\geqslant0$，

$\therefore k\geqslant-1$ 且 $k\neq\dfrac{1}{2}$.

$\therefore -1\leqslant k<2$ 且 $k\neq\dfrac{1}{2}$.

练 11：关于 x 的方程 $x^2+\sqrt{3k+1}+2k-1=0$ 有实数解，求 k 的取值范围。

答案：$-\dfrac{1}{3}\leqslant k\leqslant1$.

易错点分析：大部分同学忽视了 $\sqrt{3k+1}$ 有意义的条件是 $3k+1\geqslant0$，所以错解为由题意，$(\sqrt{3k+1})^2-4(2k-1)\geqslant0$，解得 $k\leqslant1$.

解析：由题意，得 $\begin{cases} 3k+1 \geqslant 0, \\ (\sqrt{3k+1})^2 - 4(2k-1) \geqslant 0 \end{cases}$ 解之，得 $-\dfrac{1}{3} \leqslant k \leqslant 1.$

练 12：当 m 为何值时，关于 x 的方程 $(m-2)x^2 - (2m-1)x + m = 0$ 有两个实数根。

答案：$m \geqslant -\dfrac{1}{4}$，且 $m \neq 2.$

易错点分析：由题目条件可知这是一个一元二次方程，所以要保证二次项系数不为 0，同学们错解为由题意，$(2m-1)^2 - 4m(m-2) \geqslant 0$，

$\therefore m \geqslant -\dfrac{1}{4}.$

解析：由题意，$\begin{cases} m-2 \neq 0 \\ (2m-1)^2 - 4m(m-2) \geqslant 0 \end{cases}$，

$\therefore m \geqslant -\dfrac{1}{4}$，且 $m \neq 2.$

练 13：已知 $(x^2+y^2)^2 + 2(x^2+y^2) = 15$，则 $x^2+y^2 = $ _____

答案：3.

易错点分析：同学们忽视了 x^2+y^2 是非负数，所以错解为

$\because (x^2+y^2)^2 + 2(x^2+y^2) = 15$，

$\therefore (x^2+y^2+5)(x^2+y^2-3) = 0$，

$\therefore x^2+y^2 = -5$ 或 $x^2+y^2 = 3.$

解析：$\because (x^2+y^2)^2 + 2(x^2+y^2) = 15.$

$\therefore (x^2+y^2+5)(x^2+y^2-3) = 0.$

$\therefore x^2+y^2 = -5$ 或 $x^2+y^2 = 3.$

$\because x^2+y^2$ 是非负数。

$\therefore x^2+y^2 = 3.$

　　知识归类点拨：解一元二次方程常用的方法有直接开平方法、配方法、公式法、因式分解法、要根据方程的特点灵活选用合适的方法。解此类方程的要点，是基于观察或适当的代数变形，通过换元法（整体代入法），将方程转化为一元二次方程处理。

　　注意：求解过程中，若采用了"去分母"等化为整式的手法，则可能产生增根。因此，所求出的解要验根；若出现二次根式，则要考虑二次根式的双重非负性。最后还要查看二次项系数为 0 的情况，这类题要求综合能力比较强。

第三节　函　数

例 14：函数 $y = \dfrac{\sqrt{x-2}}{x+4}$ 中自变量 x 的取值范围是（　　）

A. $x \geqslant -4$　　　　　　　　B. $x \geqslant 2$

C. $x \neq -4$　　　　　　　　D. $x \neq -4$ 且 $x \neq 2$

易错点分析：要全面考虑函数自变量的取值范围要求，学生容易考虑不周全。

解析：由题意得，$x - 2 \geqslant 0$，$x + 4 \neq 0$，解得，$x \geqslant 2$，故选：B.

练 14：函数 $y = (x+2)^0 + \dfrac{\sqrt{x+2}}{x}$ 中自变量 x 的取值范围是_____

答案：$x > -2$ 且 $x \neq 0$.

易错点分析：同学们忽视了 $(x+2)^0$ 有意义的条件是 $x + 2 \neq 0$. 所以错解为由 $x + 2 \geqslant 0$ 且 $x \neq 0$，得 $x \geqslant -2$，且 $x \neq 0$.

解析：由 $x + 2 > 0$ 且 $x \neq 0$ 得，$x > -2$ 且 $x \neq 0$.

知识归类点拨：一次函数，一次函数和正比例函数概念。一般地，形如 $y = kx + b$（k 是常数，$k \neq 0$）的函数叫作一次函数，其中 k 叫作比例系数。特别地，当 $b = 0$ 时，$y = kx$（k 是常数，$k \neq 0$）叫作正比例函数。

注意：（1）x 的最高次数为 1；（2）x 的系数不为 0；（3）当函数为正比例函数时，满足 $k \neq 0$，$b = 0$。自变量的取值范围必须使含有自变量的表达式都有意义。

1. 整式时，自变量取全体实数。

2. 分母时，自变量取值要使分母不为零。

3. 根式时，自变量的取值范围必须使被开方数不小于零。

4. 应用时，自变量的取值除必须使表达式有意义外，还要保证实际问题有意义。

易错点 11：数形结合方法的运用不够灵活，要注意结合图像性质解题。有几个待定系数就要几个点值，各个待定系数表示的意义容易混淆。

例 15：如图 1 是二次函数 $y = ax^2 + bx + c$ 的图像，对于下列说法：①$ac > 0$；②$2a + b > 0$；③$4ac < b^2$；④$a + b + c < 0$；⑤当 $x > 0$ 时，y 随 x 的增大而减小。其中说法正确的是（　　）

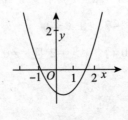

图 1

A. ①②③   B. ①②④

C. ②③④   D. ③④⑤

易错点分析：学生对二次函数图像问题运用不够熟练，对于图像的性质把握不够精确，考虑不周。

解析：（1）a 决定抛物线的开口方向，本题抛物线开口向上，所以 $a>0$；c 是抛物线与 y 轴交点的纵坐标，由图像可知 $c<0$. 所以 $ac<0$，①错误，排除 A，B 选项；（2）对称轴是直线 $x=-\dfrac{b}{2a}$，由图像可知 $-\dfrac{b}{2a}<1$，所以 $2a+b>0$，②正确，答案为 C；（3）b^2-4ac 的值决定抛物线与 x 轴的交点个数。当 $b^2-4ac>0$ 时，抛物线与 x 轴有 2 个交点；当 $b^2-4ac=0$ 时，抛物线与 x 轴有 1 个交点；当 $b^2-4ac<0$ 时，抛物线与 x 轴有 0 个交点；由图像可知 $b^2-4ac>0$，即 $4ac<b^2$，③正确；（4）$y=ax^2+bx+c$ 上的常见特殊点的坐标是 $(1,a+b+c)$，$(-1,a-b+c)$，$(2,4a+2b+c)$，$(-2,4a-2b+c)$，$(3,9a+3b+c)$，$(-3,9a-3b+c)$. 由图像可知，$x=1$ 时，$y<0$，即 $a+b+c<0$，④正确；（5）二次函数的增减性以对称轴为分界线，所以⑤错误，答案为 C.

练 15：已知二次函数 $y=ax^2+bx+c$（a，b，c 是常数，$a\neq0$）图像的对称轴是直线 $x=1$，其图像的一部分如图 2 所示，下列说法中：①$abc<0$；②$2a+b=0$；③当 $-1<x<3$ 时，$y>0$；④$a-b+c<0$；⑤$2c-3b>0$. 其中正确结论的个数是（ ）

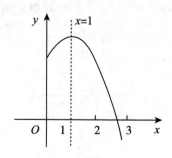

图 2

A. 2   B. 3

C. 4   D. 5

答案：B.

易错点分析：各个待定系数表示的意义不同，同学们易混淆。

解析：∵ 抛物线开口向下，则 $a < 0$. 对称轴在 y 轴右侧，a, b 异号，

则 $b > 0$. 抛物线与 y 轴交于正半轴，则 $c > 0$，

∴ $abc < 0$，故①正确；

∵ 抛物线的对称轴是直线 $x = 1$，则 $-\dfrac{b}{2a} = 1$，$b = -2a$，

∴ $2a + b = 0$，故②正确；

由图像可知，抛物线与 x 轴的左交点位于 0 和 -1 之间，在两个交点之间时，$y > 0$，在 $x = -1$ 时，$y < 0$，故③错误；

当 $x = -1$ 时，有 $y = a - b + c < 0$，故④正确；

由 $2a + b = 0$，得 $a = -\dfrac{b}{2}$，代入 $a - b + c < 0$ 得 $-\dfrac{3b}{2} + c < 0$，两边乘以 2

得 $2c - 3b < 0$，故⑤错误。

综上，正确的选项有：①②④。

所以正确结论的个数是 3. 故选：B.

练16：如图 3 所示，已知二次函数 $y = ax^2 + bx + c$ $(a \neq 0)$ 的图像如图所示，有下列 5 个结论：①$abc > 0$；②$b - a > c$；③$4a + 2b + c > 0$；④$3a > -c$；⑤$a + b > m(am + b)$（$m \neq 1$ 的实数）。其中正确的结论有（   ）

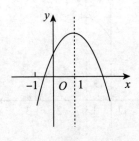

图 3

A. ①②③   B. ②③⑤

C. ②③④   D. ③④⑤

答案：B.

易错点分析：对于二次函数图像问题，应从图像开口方向，对称轴，顶点，与坐标轴交点及其图像上的特殊点逐一进行推理，进而对所得结论进行判断。

解析：① ∵ 对称轴在 y 轴的右侧，

∴ $ab < 0$，由图像可知：$c > 0$，

∴ $abc < 0$，所以①不正确；

②当 $x = -1$ 时，$y = a - b + c < 0$，

∴ $b - a > c$，所以②正确；

③由对称知，当 $x = 2$ 时，函数值大于 0，即 $y = 4a + 2b + c > 0$，

所以③正确；

④ ∵ $x = -\dfrac{b}{2a} = 1$，

∴ $b = -2a$，

∵ $a - b + c < 0$，

∴ $a + 2a + c < 0$，$3a < -c$，

所以④不正确；

⑤当 $x = 1$ 时，y 的值最大。此时，$y = a + b + c$，

而当 $x = m$ 时，$y = am^2 + bm + c$.

所以 $a + b + c > am^2 + bm + c$（$m \neq 1$），

所以 $a + b > am^2 + bm$，即 $a + b > m(am + b)$，所以⑤正确。所以②③⑤正确。

所以选：B.

> 知识归类点拨：数形结合思想方法的运用，还应注意结合图像性质解题。函数图像与图形结合，学会从复杂图形分解为简单图形的方法，图形为图像提供数据或者图像为图形提供数据。

> **易错点 12**：一次函数相关知识点概念不清，忽视题设条件，考虑问题不全面。

例 16：若直线 $y = kx + b$（$k \neq 0$）经过点 A（2，-3），且与 y 轴的交点在 x 轴上方，则 k 的取值范围是（　　　）

A. $k > \dfrac{3}{2}$　　　　　　　　　B. $k > -\dfrac{3}{2}$

C. $k < -\dfrac{3}{2}$　　　　　　　　D. $k < \dfrac{3}{2}$

答案：C.

易错点分析：直线经过点，列不出相应的数学算式，从而找不到 k 与 b 的关系；不能正确表示直线与 y 轴的交点坐标。

解析：直线 $y = kx + b$（$k \neq 0$）中，令 $x = 0$，则 $y = b$，

∴ 直线 $y = kx + b$（$k \neq 0$）与 y 轴交于点（0，b），

又∵ 直线 $y = kx + b$（$k \neq 0$）经过点 A（2，-3），

∴ $-3 = 2k + b$，

∴ $b = -3 - 2k$.

又∵ 直线 $y = kx + b$（$k \neq 0$）与 y 轴的交点在 x 轴上方，

∴ $b > 0$，即 $-3 - 2k > 0$，

解得 $k < -\dfrac{3}{2}$，所以选 C.

练 17：如果函数 $y = mx^2 - 6x + 2$ 的图像与 x 轴只有一个公共点，求 m

的值。

答案：$m = 0$ 或 $\dfrac{9}{2}$.

易错点分析：由题目已知条件不能确定此函数一定为二次函数，所以应该分类讨论。所以错解为由题意，$b^2 - 4ac = 0$，即 $36 - 8m = 0$，$m = \dfrac{9}{2}$.

解析：当 $m = 0$ 时，原函数为一次函数 $y = -6x + 2$，与 x 轴只有一个交点 $\left(\dfrac{1}{3}, 0 \right)$；当 $m \neq 0$ 时，原函数为二次函数，由前文，知 $m = \dfrac{9}{2}$. 综上，$m = 0$ 或 $\dfrac{9}{2}$.

知识归类点拨：函数图像与性质：一次函数的图像是一条直线，过点 $(0, b)$，$(-b/k, 0)$，正比例函数图像是过原点的一条直线。

注意：特殊的直线不是一次函数的图像。

易错点 13：学生对于反比例函数的图像和性质理解不到位，未熟练掌握函数的图像与系数 k 之间的关系。

例 17：若点 $(-6, y_1)$，$(2, y_2)$，$(3, y_3)$，都是反比例函数 $y = \dfrac{-a^2 - 1}{x}$ 图像上的点，则下列各式中正确的是（　　）

A. $y_1 < y_3 < y_2$ B. $y_2 < y_3 < y_1$

C. $y_3 < y_2 < y_1$ D. $y_1 < y_2 < y_3$

易错点分析：知识点未掌握，方法不够灵活。

解析：方法一：特值法，取 $a = 0$，则反比例函数为 $y = -\dfrac{1}{x}$，计算可得 $y_1 = \dfrac{1}{6}$，$y_2 = -\dfrac{1}{2}$，$y_3 = -\dfrac{1}{3}$，选 B.

方法二：如图4所示，图像法，$-a^2-1<0$，图像位于第二、四象限。

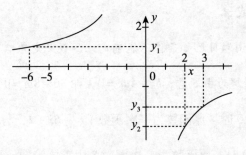

图4

方法三：根据函数的增减性判断。（具体内容略）

第四节　几何图形

　　例 18：如图 1，等边三角形 ABC 的边长为 4，AD 是 BC 边上的中线，F 是 AD 边上的动点，E 是 AC 边上一点。若 $AE=2$，当 $EF+CF$ 取得最小值时，则 $\angle ECF$ 的度数为（　　）

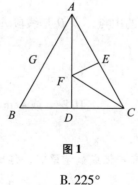

图 1

A. 15°

B. 225°

C. 30°

D. 45°

　　易错点分析：本题考查轴对称——最短路线问题，等边三角形的性质。解决本题的关键是利用等边三角形的性质找对称点。可取 AB 的中点 G，连接

CG 交 AD 于点 F，根据等边 $\triangle ABC$ 的边长为 4，$AE=2$，可得点 E 是 AC 的中点，点 G 和点 E 关于 AD 对称，此时 $EF+FC=CG$ 最小，根据等边三角形的性质即可得 $\angle DCF$ 的度数。

解析：如图2，取 AB 的中点 G，连接 CG 交 AD 于点 F.

∵ 等边 $\triangle ABC$ 的边长为 4，$AE=2$，

∴ 点 E 是 AC 的中点。

所以点 G 和点 E 关于 AD 对称，此时 $EF+FC=CG$ 最小。

根据等边三角形的性质可知：$\angle ECF=\dfrac{1}{2}\angle ACB=30°$. 所以 $\angle ECF$ 的度数为 $30°$. 故选：C.

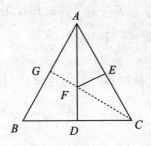

图2

例19：点 C 是线段 AB 的中点，点 D 是线段 AC 的三等分点。若线段 $AB=12\text{cm}$，则线段 BD 的长为（　　　）

A. 10cm　　　　　　　　　B. 8cm

C. 10cm 或 8cm　　　　　D. 2cm 或 4cm

答案：C.

易错点分析：将文字语言转化成数学语言，作出相应的几何图形；本题中 D 是 AC 的三等分点，应分为 $AD=\dfrac{1}{3}AC$ 与 $AD=\dfrac{2}{3}AC$ 两种情况进行讨论。

解析：∵ C 是线段 AB 的中点，$AB=12\text{cm}$，

∴ $AC=BC=\dfrac{1}{2}AB=\dfrac{1}{2}\times 12=6$（cm），

点 D 是线段 AC 的三等分点，

① 当 $AD = \dfrac{1}{3}AC$ 时，如图 3，

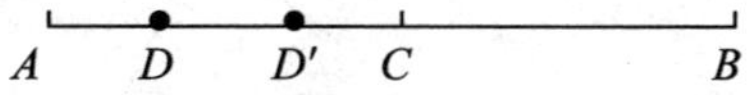

A   D   D'   C   B

图 3

$BD = BC + CD = BC + \dfrac{2}{3}AC = 6 + 4 = 10$（cm）；

② 当 $AD' = \dfrac{2}{3}AC$ 时，如图 3，

$BD' = BC + CD' = BC + \dfrac{1}{3}AC = 6 + 2 = 8$（cm）.

所以线段 BD 的长为 10cm 或 8cm，所以选：C.

练 18：等腰三角形一腰上的高与另一腰所在直线的夹角为 30°，则这个等腰三角形的顶角为（　　）

A. 60°或 120°　　　　　　　　B. 30°或 150°

C. 30°或 120°　　　　　　　　D. 60°

答案：A

易错点分析：等腰三角形的高相对于三角形有三种位置关系，三角形内部，三角形的外部，三角形的边上。根据条件可知第三种高在三角形的边上这种情况不成立，因而应分两种情况进行讨论。

解析：当等腰三角形的高在三角形内部时（如图 4），顶角是 60°；

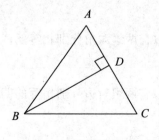

图 4

当等腰三角形的高在三角形外部时（如图5），顶角是120°. 所以选 A.

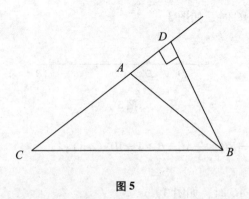

图5

易错点 15：学生对平行四边形的 5 个判定方法未理解到位，不能灵活应用，容易混淆。学生对图形的平移的性质运用不熟练。

例20：下列给出的条件中，不能判断四边形 *ABCD* 是平行四边形的是（   ）

A. $AB /\!/ CD$，$AD = BC$

B. $\angle A = \angle C$，$\angle B = \angle D$

C. $AB /\!/ CD$，$AD /\!/ BC$

D. $AB = CD$，$AD = BC$

易错点分析：此题考查的是平行四边形的判定。学生容易混淆，不确定，导致选错。

解析：平行四边形的定义：两组对边分别平行的四边形叫作平行四边形。∴ C 能判定。

平行四边形判定定理 1，两组对角分别相等的四边形是平行四边形。∴ B 能判定。

平行四边形判定定理 2，两组对边分别相等的四边形是平行四边形。∴ D 能判定。

平行四边形判定定理 3，对角线互相平分的四边形是平行四边形。

平行四边形判定定理4，一组对边平行且相等的四边形是平行四边形。故选 A.

例21：如图6，将 $\triangle ABC$ 沿 BC 边上的中线 AD 平移到 $\triangle A'B'C'$ 的位置，已知 $\triangle ABC$ 的面积为16，阴影部分三角形的面积为9，如果 $AA' = 1$，那么 $A'D$ 的长为_____

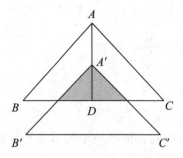

图6

易错点分析：解题的关键是熟练掌握平移变换的性质与三角形中线的性质，相似三角形的判定与性质等知识点。学生不能很好地将它们联系起来进行熟练运用。本题先证明 $\triangle DA'E \backsim \triangle DAB$，再利用相似三角形的性质求得 $A'D$ 便可。

解析：如图7，$\because S_{\triangle ABC} = 16$，$S_{\triangle A'EF} = 9$，且 AD 为 BC 边的中线，

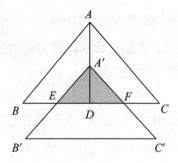

图7

$\therefore S_{\triangle A'DE} = \frac{1}{2} S_{\triangle A'EF} = 4.5$，$S_{\triangle ABD} = \frac{1}{2} S_{\triangle ABC} = 8$，

$\because$ 将 $\triangle ABC$ 沿 BC 边上的中线 AD 平移得到 $\triangle A'B'C'$，

$\therefore A'E /\!/ AB$，

$\therefore \triangle DA'E \backsim \triangle DAB$，

则 $\left(\dfrac{A'D}{AD}\right)^2 = \dfrac{S_{\triangle A'DE}}{S_{\triangle ADB}}$，$\left(\dfrac{A'D}{A'D+1}\right)^2 = \dfrac{4.5}{8}$，

解得 $A'D = 3$ 或 $A'D = -\dfrac{3}{7}$（舍），

故答案为 3.

知识归类点拨：我们在证明一个图形是平行四边形时，只能先根据题目的条件，将其转化为用以上四种方法中的一种进行证明。而有些命题，我们如何来判定其是假命题呢？其实很简单，我们都知道平行四边形是中心对称图形，那么其中一条对角线将其分成的两个三角形，必然是全等的，而且关于对角线的交点成中心对称。而在有些命题中，按条件画出四边形后，作出一条对角线分得的两个三角形却不全等，而且，十有八九是 SSA 型。

易错点 16：对于图形的翻折或旋转问题，要充分运用其性质解题，即运用图形的"不变性"，在轴对称和旋转中角的大小不变，线段的长短不变。

例 22：如图 8，在 $\triangle ABC$ 中，点 D、E 分别在边 AB，AC 上，$DE /\!/ BC$，将 $\triangle ADE$ 沿直线 DE 翻折后与 $\triangle FDE$ 重合，DF，EF 分别与边 BC 交于点 M，N，如果 $DE = 8$，$\dfrac{AD}{AB} = \dfrac{2}{3}$，那么 MN 的长是_____

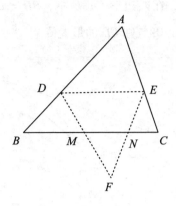

图8

易错点分析：本题考查翻折的性质，等腰三角形的判定，三角形的中位线定理等知识点。学生不能熟练掌握翻折的性质，因此则不能解答出来。

解析：设 $AB = 3a$ ，则 $AD = 2a$ ，$BD = AB - AD = a$ ，

$\because DE /\!/ BC$ ，

$\therefore \angle ADE = \angle B, \angle EDM = \angle BMD$ ，

由翻折的性质得：$\angle ADE = \angle EDM, DF = AD = 2a$ ，

$\therefore \angle B = \angle BMD$ ，

$\therefore DM = BD = a$ ，

$\therefore FM = DF - DM = a = DM$ ，即点 M 是 DF 的中点。

又 $\because DE /\!/ BC$ ，

$\therefore MN$ 是 $\triangle FDE$ 的中位线，

$\therefore MN = \dfrac{1}{2}DE = \dfrac{1}{2} \times 8 = 4$ ，

故答案为4.

易错点 17：图形的轴对称或旋转问题，要充分运用其性质解题，即运用图形的"不变性"，在轴对称和旋转中角的大小不变，线段的长短不变。

例23：如图9所示，在四边形 $CABD$ 中，$BD = AB = 8$，$AC = 2$，点 M 为 AB 的中点，若 $\angle CMD = 120°$，则 CD 的最大值是 _____

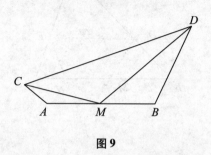

图9

答案：14.

易错点分析：不会正确添加辅助线，不会用点的对称转化直线的大小。

解析：如图10所示，作点 A 关于 CM 的对称点 A'，点 B 关于 DM 的对称点 B'，连接 CA'，MA'，MB'，$A'B'$，$B'D$，

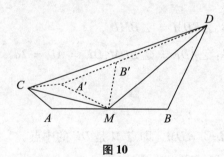

图10

∵ $\angle CMD = 120°$，

∴ $\angle AMC + \angle DMB = 60°$，

∴ $\angle CMA' + \angle DMB' = 60°$，

∴ $\angle A'MB' = 60°$，

∵ $MA' = MB'$，

∴ $\triangle A'MB'$ 为等边三角形。

∵ $CD \leqslant CA' + A'B' + B'D = CA + AM + BD = 2 + 4 + 8 = 14$，

∴ CD 的最大值为14，

故答案为 14.

知识归类点拨：对于图形的翻折或旋转问题，要充分运用其性质解题，即运用图形的"不变性"，在轴对称和旋转中角的大小不变，线段的长短不变，抓住两定点展开对称点的做法。

易错点 18：对弧、弦、圆心角等概念理解不深刻，对垂径定理的理解不够，圆周角定理、相似三角形的性质与判定掌握不够，不会正确添加辅助线，运用直角三角形或相似三角形进行解题。

例 24：如图 11 所示，已知点 C 是 ⊙O 的直径 AB 上的一点，过点 C 作弦 DE，使 CD = CO. 若 $\overset{\frown}{AD}$ 的度数为 35°，则 $\overset{\frown}{BE}$ 的度数是_____

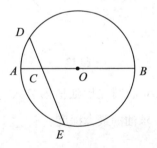

图 11

答案：105°.

易错点分析：本题考查对弧、弦、圆心角等概念的理解。学生不能熟练掌握垂径定理，不能准确作出辅助线。

解析：如图 12 所示，连接 OD，OE，

∵ $\overset{\frown}{AD}$ 的度数为 35°，

∴ ∠AOD = 35°，

∵ CD = CO，

$\therefore \angle ODC = \angle AOD = 35°$,

$\because OD = OE$,

$\therefore \angle ODC = \angle E = 35°$,

$\therefore \angle DOE = 110°$,

$\therefore \angle AOE = 75°$,

$\therefore \angle BOE = 105°$,

$\therefore \overset{\frown}{BE}$的度数是$105°$.

故答案为$105°$.

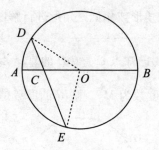

图 12

例 25：在直径为$100cm$的圆柱形油槽内装入一些油后，截面如图 13 所示，若油面宽$AB = 80cm$，求油的最大深度。

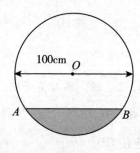

图 13

答案：$20cm$.

易错点分析：学生不能熟练掌握垂径定理，不能准确作出辅助线。

解析：如图 14 所示，过 O 作 $OC \perp AB$ 于点 C，延长交 $\odot O$ 于点 D，连接 OA.

依题意得 CD 就是油的最大深度。

根据垂径定理得：$AC = \dfrac{1}{2}AB = 40\text{cm}$，$OA = 50\text{cm}$，

在 Rt $\triangle OAC$ 中，根据勾股定理得：$OC = \sqrt{OA^2 - AC^2} = \sqrt{50^2 - 40^2} = 30$（cm），

$\therefore CD = OD - OC = 50 - 30 = 20$（cm），

答：油的最大深度是 20cm.

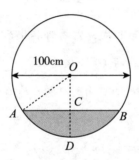

图 14

例 26：已知：AB 是 $\odot O$ 的直径，弦 $CD \perp AB$ 于点 G，E 是直线 AB 上一动点（不与点 A，B，G 重合），直线 DE 交 $\odot O$ 于点 F，直线 CF 交直线 AB 于点 P. 设 $\odot O$ 的半径为 r.

（1）如图 15 所示，当点 E 在直径 AB 上时，试证明：$OE \cdot OP = r^2$.

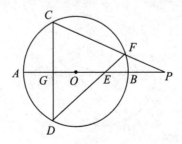

图 15

（2）当点 E 在 AB（或 BA）的延长线上时，以如图 16 点 E 的位置为例，请你画出符合题意的图形，标注上字母，（1）中的结论是否成立？请说明理由。

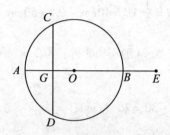

图 16

易错点分析：（1）要证等积式，需要将其化为比例式，再利用相似证明。观察图形，此题显然要连接半径 OF，构造 OE，OP 所在的三角形，这样问题便转化为证明 $\triangle FOE \backsim \triangle POF$ 了。而要证明 $\triangle FOE \backsim \triangle POF$，由于已经存在一个公共角，因此只需再证明另一角对应相等即可，这一点利用圆周角定理及其推论可获证，且方法不唯一；（2）同（1）类似。此题综合考查圆的性质及相似的知识，解题关键是辅助线的灵活添加。值得注意的是（2）问是（1）问知识的变式，能开拓视野，提高思维深度、灵敏性，其证明同（1）问类似，可不必证明。大部分同学：（1）不会添加辅助线；（2）证不出相似所需一角对应相等的条件。

解析：（1）证明：如图 17 所示，连接 FO 并延长交 $\odot O$ 于点 Q，连接 DQ.

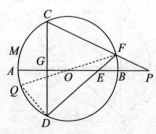

图 17

∵ FQ 是⊙O 直径，

∴ ∠FDQ = 90°.

∴ ∠QFD + ∠Q = 90°.

∵ CD ⊥ AB，

∴ ∠P + ∠C = 90°.

∵ ∠Q = ∠C，

∴ ∠QFD = ∠P.

∵ ∠FOE = ∠POF，

∴ △FOE ∽ △POF.

∴ $\dfrac{OE}{OF} = \dfrac{OF}{OP}$.

∴ $OE \cdot OP = OF^2 = r^2$.

（2）解：（1）中的结论成立。

理由：如图 18 所示，依题意画出图形，连接 FO 并延长交⊙O 于点 M，连接 CM.

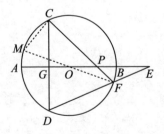

图 18

∵ FM 是⊙O 直径，

∴ ∠FCM = 90°，

∴ ∠M + ∠CFM = 90°.

∵ CD ⊥ AB，

∴ ∠E + ∠D = 90°.

$\because \angle M = \angle D,$

$\therefore \angle CFM = \angle E.$

$\because \angle POF = \angle FOE,$

$\therefore \triangle POF \backsim \triangle FOE.$

$\therefore \dfrac{OP}{OF} = \dfrac{OF}{OE},$

$\therefore OE \cdot OP = OF^2 = r^2.$

知识归类点拨：圆辅助线口诀：半径与弦长计算，弦心距来中间站。圆上若有一切线，切点圆心半径连。切线长度的计算，勾股定理最方便。要想证明是切线，半径垂线仔细辨。是直径，成半圆，想成直角径连弦。弧有中点圆心连，垂径定理要记全。圆周角边两条弦，直径和弦端点连。弦切角边切线弦，同弧对角等找完。要想作个外接圆，各边作出中垂线。还要作个内接圆，内角平分线梦圆。

第五节 统计与概率

易错点 19：中位数，众数，平均数的有关概念理解不透彻，错求中位数，众数，平均数。

例 27：一组数据 3，4，0，1，2 的平均数与中位数之和是_____

易错点分析：很多同学对中位数，众数，平均数的有关概念理解不透彻，所以认为中位数为中间的数 0，所以导致本题出错。

解析：根据平均数和中位数的概念求出结果，再相加即可，中位数为从小到大顺序排列后中间的数为 2，平均数为 2，所以结果为 4.

知识归类点拨：考查平均数和中位数的概念。平均数是指在一组数据中所有数据之和再除以数据的个数。找中位数的时候一定要先排好顺序，然后再根据奇数和偶数个数来确定中位数。如果数据有奇数个，则正中间的数字即为所求；如果是偶数个，则找中间两位数的平均数。

易错点 20：在从统计图获取信息时，一定要先判断统计图的准确性。不规则的统计图往往使人产生错觉，得到不准确的信息。对普查与抽样调查的概念及它们的适用范围不清楚，造成错误。

例 28：为了弘扬爱国主义精神，某校组织了"共和国成就"知识竞赛，将成绩分为：A（优秀），B（良好），C（合格），D（不合格）四个等级。小李随机调查了部分同学的竞赛成绩，绘制了如图 1 的统计图。

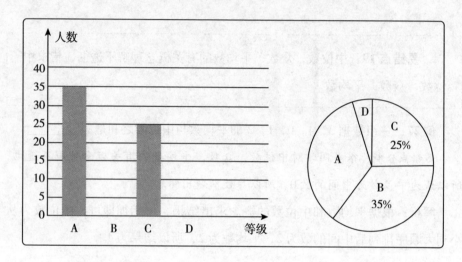

图 1

（1）本次抽样调查的样本容量是_____，请补全条形统计图；

（2）已知调查对象中只有两位女生竞赛成绩不合格，小李准备随机回访两位竞赛成绩不合格的同学，请用树状图或列表法求出恰好回访到一男一女的概率；

（3）该校共有 2000 名学生，请你估计该校竞赛成绩"优秀"的学生人数。

答案：（1）100，补全条形统计图见解析；（2）P（恰好回访到一男一女）$= \dfrac{3}{5}$；（3）700 人。

易错点分析：（1）根据条形统计图和扇形统计图可知 C 等级的人数与所占比例，即可求出样本容量，根据 B 所占百分比求出 B 等级的人数，再求出 D 等级的人数即可；（2）画出表格，利用概率公式即可求解；（3）利用样本估计总体的方法求解即可。

解析：（1）$25 \div 25\% = 100$（人），B 等级的人数为 $100 \times 35\% = 35$（人），

D 等级的人数为：$100 - 35 - 35 - 25 = 5$（人），补全条形统计图如图 2：

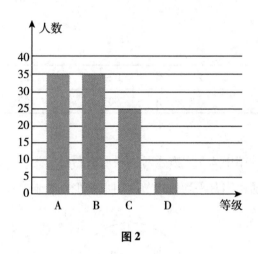

图 2

（2）列表如表 1：

表 1

	男	男	男	女	女
男		男男	男男	女男	女男
男	男男		男男	女男	女男
男	男男	男男		女男	女男
女	男女	男女	男女		女女
女	男女	男女	男女	女女	

P（恰好回访到一男一女）$= \dfrac{12}{20} = \dfrac{3}{5}$；

（3）$2000 \times 35\% = 700$（人）。

易错点 21：平均数，加权平均数，方差公式，扇形统计图的圆心角与频率之间的关系；频数，频率，总数之间的关系。加权平均数的权可以是数据、比分、百分数，还可以是概率（或频率）。

例 29：为了宣传保护水资源和节约用水的生活方式，某同学利用课余时间对某小区居民的用水情况进行了统计，并将今年 1 月居民的节水量统计整理成如表 2。

表 2

节水量（米³）	1	1.5	2.5	3
户数	a	90	100	b

（1）表中 a = _____，b = _____；

（2）扇形统计图中 2.5 立方米对应扇形的圆心角为 _____ 度；

（3）该小区居民当月平均每户节约用水多少立方米？

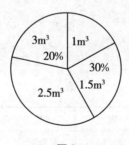

图 3

易错点分析：此题主要考查统计表，扇形统计图，平均数，关键是看懂统计图表，从统计图表中获取必要的信息，熟练掌握平均数的计算方法。很多同学看表不仔细，导致全部错误。认真提取信息：（1）由节水量为 1.5m³ 的有 90 户，所占百分比为 30%，求出该小区居民的总户数；用总户数乘以 20% 得到 b 的值，用总户数减去节水量为 1.5m³ 的户数再减去节水量为 2.5m³ 的户数再减去节水量为 3m³ 的户数，即可求出 a 的值；（2）首先计算出节水量为 2.5m³ 对应的居民户数所占百分比，再用 360°×百分比即可；（3）根据加权平均数的公式进行计算即可。

解析：（1）该小区居民的总户数为：$90 \div 30\% = 300$；$b = 300 \times 20\% = 60$，$a = 300 - 90 - 100 - 60 = 50$；

（2）$\dfrac{100}{300} \times 360° = 120°$；

（3）$（50 \times 1 + 90 \times 1.5 + 2.5 \times 100 + 3 \times 60）\div 300 = 2.05$（$m^3$）.

答：该小区居民当月平均每户节约用水 $2.05 m^3$.

故答案为 50，60；120.

易错点 22：求概率的方法：（1）简单事件。（2）两步以及两步以上的简单事件：利用树状或者列表表示各种等可能的情况与事件的可能性的比值。（3）复杂事件，运用频率估算概率。

例 30："只要人人都献出一点爱，世界将变成美好的人间"，在新冠肺炎疫情期间，全国人民万众一心，众志成城，共克时艰。某社区积极发起"援鄂捐款"活动倡议，有 2500 名居民踊跃参与献爱心。社区管理员随机抽查了部分居民捐款情况，统计图如图 4。

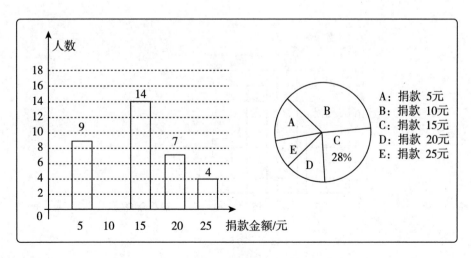

图 4

（1）计算本次共抽查居民人数，并将条形图补充完整；

（2）根据统计情况，请估计该社区捐款 20 元以上（含 20 元）的居民有多少人？

（3）该社区有 1 名男管理员和 3 名女管理员，现要从中随机挑选 2 名管理员参与"社区防控"宣讲活动，请用列表法或树状图法求出恰好选到"1男 1 女"的概率。

易错点分析：（1）根据 C 组的人数和所占的百分比，可以求得本次抽查的居民人数，然后即可求得 B 组的人数，从而可以将条形统计图补充完整；（2）根据统计图中的数据，可以计算出该社区捐款 20 元以上（含 20 元）的居民有多少人；（3）根据题意，可以画出相应的树状图，从而可以求得恰好选到"1 男 1 女"的概率。

本题考查列表法与树状图法，扇形统计图，条形统计图。解答本题的关键是明确题意，利用数形结合的思想解答。

解析：（1）本次共抽查居民有 $14 \div 28\% = 50$（人）；

捐款 10 元的有 $50 - 9 - 14 - 7 - 4 = 16$（人）。

补充完整的条形统计图如图 5 所示。

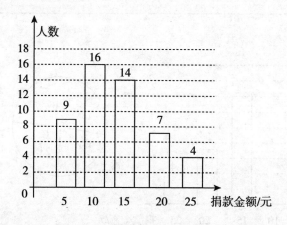

图 5

（2） $2500 \times \dfrac{7+4}{50} = 550$ （人）

答：该社区捐款 20 元以上（含 20 元）的居民有 550 人。

（3）树状图如图 6 所示。

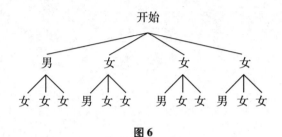

图 6

则恰好选到"1 男 1 女"的概率是 $\dfrac{3+1+1+1}{3 \times 4} = \dfrac{6}{12} = \dfrac{1}{2}$.

知识归类点拨：概率知识属于每年中考必考的内容，以选择题或者大题形式为多，要求熟练掌握用列表法与树状图法求概率。注意树状图法与列表法可以不重复不遗漏地列出所有可能的结果。列表法适合于两步完成的事件；树状图法适合两步或两步以上完成的事件；注意此题是放回实验还是不放回实验；注意概率 = 所求情况数与总情况数之比。